ACLS History E-Book Project

Reprint Series

The ACLS History E-Book Project (www.historyebook.org) collaborates with constituent societies of the American Council of Learned Societies, publishers, librarians and historians to create an electronic collection of works of high quality in the field of history. This volume is produced from digital images created for the Project by the Scholarly Publishing Office and the Digital Library Production Service at the University of Michigan, Ann Arbor. The digital reformatting process results in an electronic version of the text that can be both accessed online and used to create new print copies. This book and hundreds of others are available online in the History E-Book Project through subscription.

Many of the works in the History E-Book Project are available in print and can be ordered either directly from their publishers or as part of this series. For information refer to the online Title Record page for each book. Inquiries regarding this series can be directed to info@hebook.org.

ACLS
HISTORY E-BOOK

I0833754

http://www.historyebook.org

LETTURE

DI PENSIERO E D'ARTE

FRANCO SIMONE

LA COSCIENZA DELLA RINASCITA NEGLI UMANISTI FRANCESI

ROMA 1949

EDIZIONI DI STORIA E LETTERATURA

EDIZIONI DI " STORIA E LETTERATURA „

LETTURE DI PENSIERO E D'ARTE

Don LUIGI STURZO, *La vera vita.* Pp. 320. L. 700.

MASSIMO PETROCCHI, *Razionalismo architettonico e razionalismo storiografico.* Due studi sul Settecento italiano. Pp. 128. L. 450.

ARMANDO SAITTA, *Dalla Res Publica Christiana agli Stati Uniti d'Europa. Sviluppo dell'idea pacifista in Francia nei secoli XVII-XIX.* Pp. VI-188. L. 700.

MARIO GASPARRINI, *Traducciones españolas del « Cinco de Mayo » de Alejandro Manzoni.* Pp. 172. L. 1000.

RODOLFO PAOLI, *Goethe e Stilling, ovvero pietismo e romanticismo nella prima autobiografia romantica.* Pp. 112. L. 550.

GIOVANNI FALLANI, *Melchiorre Missirini, il segretario di Canova.* L. 700.

IMMINENTI

NEMI D'AGOSTINO, *Studio su Cristopher Marlowe.*

AGOSTINO LOMBARDO, *La poesia inglese dall'estetismo al simbolismo.*

PAOLO NALDINI, *La poetica del preromanticismo inglese.*

GIORGIO MELCHIORI, *Michelangelo nel Settecento inglese.*

ENZO PISCITELLI, *Stato e Chiesa sotto la Monarchia di Luglio.*

ANNA MARIA CRINÒ, *Le traduzioni italiane di Shakespeare nel secolo XVIII.*

LA COSCIENZA DELLA RINASCITA NEGLI UMANISTI FRANCESI

LETTURE

DI PENSIERO E D'ARTE

FRANCO SIMONE

LA COSCIENZA DELLA RINASCITA NEGLI UMANISTI FRANCESI

ROMA 1949
EDIZIONI DI STORIA E LETTERATURA

EDIZIONI DI «STORIA E LETTERATURA»
Roma - Via Lancellotti, 18

PREMESSA

Vengono qui radunati tutti gli studi con i quali durante questi anni passati ho cercato di mettere in risalto quella particolare coscienza storica che gli umanisti ebbero circa l'importanza del loro movimento. I testi che vi sono elencati si sono imposti quasi spontaneamente alla mia attenzione mentre facevo ricerche sulla storia dell'umanesimo francese. Il loro valore e la loro importanza mi furono svelati dalla frequenza con cui, quasi ad ogni passo, mi incontravo con affermazioni che in un primo tempo giudicai uguali o per lo meno molto simili. Soltanto una più attenta riflessione mi avvertì del differente significato particolare dei vari testi i quali mi apparvero legati più di quanto a prima vista non sembrasse, al momento storico che rappresentavano. Per questo motivo ho creduto indispensabile radunare le varie testimonianze attorno alle figure più rappresentative del movimento umanistico francese e secondo date il più possibile precise. Così agli studiosi sarà offerta un'ampia documentazione con la quale essi potranno non soltanto ancora una volta constatare come il concetto storiografico del Rinascimento sia stato foggiato dagli stessi umanisti, ma anche con quale ardore e con quale generale adesione essi abbiano lavorato a questa concezione. Inoltre sarà possibile stabilire se queste testimonianze abbiano un puro significato letterario (Huizinga) oppure un più profondo valore umano (Burdach), dopo di aver scelto una giusta via di mezzo tra chi vorrebbe tenere un conto relativo di queste stesse testimonianze (Toffanin) e chi è tentato a dar loro una eccessiva importanza (Burdach). Ricordo che quando parecchi anni or sono, sottoposi a Paul Hazard alcuni fra i più significativi di questi testi, egli che allora attendeva ai suoi noti studi sul Settecento, osservò non senza meraviglia il parallelismo di due periodi che pretendevano entrambi di essere l'età dei « lumi ». Tuttavia non per questo l'illustre Maestro credette di poter negare l'interesse di questa generale affermazione la quale nella sua stessa antistoricità, senza essere la cosciente espressione di una palingenesi mondiale attesa ed auspicata, è pur tuttavia l'indice di una particolare caratteristica della cultura degli umanisti. Caratteristica che ebbe la sua fondamentale influenza nella formazione di quello speciale schema storiografico da cui è nato il termine ed il concetto di Medio Evo. Il quale se troviamo espresso proprio per la prima volta in questi testi con una determinazione cronologica mutevole a seconda delle particolari tendenze dei vari centri culturali, non per questo esso fu meno vivo nella coscienza di tutti gli umanisti come il periodo di tenebrosa ignoranza tra due luminose manifestazioni della cultura. Il concetto di « ritorno » che è alla base di questa interpretazione storica indica come quei letterati interpretassero nuovamente la storia secondo una concezione ciclica che nei più avveduti produsse nuovi ripensamenti ricchi di possibilità per l'avvenire.

Di tutti i capitoli nessuno è completamente inedito. Tuttavia essi sono presentati con le modificazioni più o meno essenziali che si dimostrarono necessarie per ottenere l'omogeneità della trattazione. Così i capitoli primo, terzo e quinto derivano da tre studi pubblicati nella Revue de littérature comparée *rispettivamente nel n° 71 (luglio 1938), nel n° 78 (aprile 1940) e nel n° 88 (ottobre 1948); il capitolo secondo per buona parte riprende quanto pubblicò* La Rinascita *nel n° 10 (dicembre 1939) e nel n° 12 (aprile 1940); finalmente il capitolo quarto riproduce lo studio uscito nei fascicoli I, 3 (settembre 1946); II, 1 (marzo 1947); II, 3 (settembre 1947) della* Rivista di Letterature moderne.

Alle testimonianze da me indicate, alcuni studiosi come Eugenio Garin e Margherita di Giovanni hanno aggiunto altri testi italiani non meno significativi. Non c'è dubbio che anche fra le opere degli umanisti francesi si potranno trovare altre simili affermazioni che io ho volutamente trascurato o che del tutto mi sono sfuggite. La completezza in questo genere di ricerche è difficilmente raggiungibile. Ma ora potrebbe rappresentare un certo interesse non tanto il rintracciare nuove adesioni alla concezione generale, quanto il sottolineare le opposizioni, se ce ne furono, ed i motivi che le originarono. Che è precisamente quello che ho voluto fare io stesso commentando il testo di Gianfrancesco Pico.

In sostanza quello che conta è documentare l'origine di uno dei più discussi schemi storiografici che tanto ancora ostacola una precisa visione della realtà e da cui dipendono non poche errate valutazioni tra cui, prima fra tutte, la supposta indipendenza del Rinascimento dalla tradizione medievale.

Sento il dovere di esprimere la mia profonda riconoscenza al Prof. Etienne Gilson dell'Académie Française per l'affettuosa attenzione con cui ha sempre seguito queste mie ricerche; ringrazio il Prof. André Combes, Maître de recherches du Centre national de le Recherche Scientifique di Parigi, al quale mi uniscono anni laboriosi spesi in comune alla Biblioteca nazionale parigina. La mia gratitudine pure al Prof. Carlo Pellegrini dell'Università di Firenze che mi incitò a riprendere, dopo parecchi anni di prigionia, queste ricerche che poi volle ospitare nella Rivista di Letterature moderne.

In modo speciale al Prof. Ferdinando Neri dell'Università di Torino che da oltre un decennio premurosamente dirige i miei studi con una perizia che a lui deriva dalla maestria tanto giustamente ammirata, l'espressione della mia devota ed affettuosa gratitudine.

Torino, settembre 1949.

FRANCO SIMONE

Capitolo primo

LA STORIOGRAFIA FRANCESE DELL'OTTOCENTO E LA ROTTURA TRA MEDIO EVO E RINASCIMENTO

I. - *La storiografia romantica francese nella sua reazione all'Illuminismo conserva di questo la concezione erudita ed il periodizzamento dei secoli cristiani.*

Dei due concetti che informarono la storiografia illuministica, l'ardente interesse erudito per l'antichità e la valutazione negativa dei secoli precedenti (1), si può trovare un ricordo significativo nel racconto che il presidente De Brosses scrisse di una sua visita al vecchio Muratori nella biblioteca di Modena. L'illustre francese racconta che se per un lato egli fu colpito dalla vitalità dello studioso che a testa nuda in pieno inverno lavorava in una enorme galleria non riscaldata, per altro si sentì come spaventato da quel mucchio enorme di anticaglie radunate ogni dove. A queste egli rifiutava di porre attenzione poichè non voleva dare il nome di antichità « à tout ce qui concerne ces vilains siècles d'ignorance » e quindi concludeva: « Je n'imagine pas, qu'hormis la théologie polémique, il y ait rien d'aussi rebutant que cette étude » (2). Appare qui evidente che nel Settecento l'erudizione ed il ricordo per il passato suscitavano ad un tempo ammirazione e disprezzo, tanto in quella cultura essi potevano convivere congiunti ed opposti. Ma un secolo dopo, ripetendosi una simile vi-

(1) B. Croce, *Teoria e storia della storiografia*, Bari, Laterza, 1927, p. 223 sgg.

(2) Président De Brosses, *Lettres familières sur l'Italie publiées d'après les manuscrits avec une introduction et des notes* par Y. Bezard, Parigi, Firmin-Didot, 1931, II, p. 549.

sita, ad esempio presso Guillaume Favre in quella sua casa sul lago di Ginevra dove egli aveva radunato quanto aveva potuto di libri e di antichità (3), un uomo di alta cultura avrebbe provato i medesimi sentimenti?

Apparentemente nulla di più facile che una risposta negativa. E' noto infatti che all'Illuminismo la storiografia romantica volle reagire nel modo più sicuro. Il secolo della storia fu appunto tale perchè al disprezzo e quasi al sarcasmo per il passato elevati a sistema dall'epoca dei « lumi » oppose l'amore per tutto quanto rappresentava il ricordo di una tradizione mai scomparsa. A tal punto quell'amore era generale, profondo e significativo che non a caso la signora di Bassauville caratterizzava persino l'epoca di una crisi ministeriale come quella in cui « la recherche des choses antiques faisait fureur » (4). Parve quasi che mentre il Settecento si era proteso tutto verso l'avvenire, l'Ottocento si dovesse tutto rivolgere al passato. In questo gli uomini più pensosi vollero cercare la soluzione dei loro problemi contemporanei e nella ricerca si applicarono con un ardore tanto nuovo ed originale da sviluppare fino alle estreme conseguenze quella capacità restauratrice e quel potere nostalgico e poetico che appunto caratterizzano in modo preciso tutte le opere storiche di quel periodo. La tendenza non è evidente soltanto nelle opere di un Cousin, di un Villemain o di un Guizot, ma quasi inaspettata appare anche in uno storico come il De Barante che pure sempre dichiarò di voler essere un semplice narratore obbiettivo, senza preoccupazioni contemporanee e per nulla desideroso di veder riflesse nei tempi di Filippo il Buono e di Carlo il Temerario le lotte politiche del suo secolo. La verità è che nell'epoca romantica vi fu tanta vigoria intellettuale e così ardente immaginazione che nessuno temette di perdere contatto con il presente rivolgendosi al passato. Anzi al passato si potè ridare nuova vita appunto perchè di nuova ed originale vita gli uomini del Romanticismo erano riccamente dotati. Nei secoli lontani e principalmente in quelli del Medio Evo e del Rinascimento essi cercarono esempi di forti personalità e di caratteristiche azioni che me-

(3) Sainte-Beuve, *Causeries du lundi*, vol. XIII, p. 244.
(4) P. Moreau, *Le romantisme*, Parigi, De Gigord, 1932, p. 339.

glio potessero soddisfare il loro sogno di grandezza nella libera espressione del proprio indipendente operare. Così il Guizot nei suoi corsi in Sorbona del 1828-29 ricerca nelle origini della storia francese gli esempi migliori da additare come guide alla gioventù e di fronte a questa esalta la libera individualità quale egli viene scoprendo nei secoli medievali. Ugualmente lo stesso De Barante afferma la sua ammirazione per il periodo dell'età di mezzo di cui si compiace a descrivere con un gusto sempre nuovo le feste, i banchetti, i tornei. Ammira il racconto vivo e semplice di Commynes, l'incantato candore di Froissart. A tal punto si abbandona a quel tempo passato e tanto in esso rivive da confessare che « l'histoire est voisine de la poésie, c'est une sorte de versification libre » (5). Nè tace che la sua preoccupazione è quella di cercare attraverso all'umanità l'uomo in quanto individuo e libertà. Proposito che è pure quello di Augustin Thierry il quale affermando all'inizio della sua *Conquête de l'Angleterre par les Normands* che « il faut pénétrer jusqu'aux hommes à travers la distance des siècles » (6), trasforma i secoli medievali in un universo miltoniano pieno di drammi e di contrasti tali da suscitare per essi tutta l'ammirazione di Chateaubriand. Il primitivo di quei secoli attrae tanto il Fauriel che egli non teme di affermare di essere diventato del tutto insensibile alla classica armonia del secolo di Luigi XIV. Ma si ricordi anche con quale amore il Michelet risuscitò Medio Evo e Rinascimento e con quali vivi e palpitanti colori descrisse l'uno e l'altro. Questa « faculté de couleur voulue et acquise où Michelet a l'air de se jouer désormais en maitre » era a tal punto prepotente che Sainte-Beuve consigliava di leggere le sue pagine migliori temperandole con alcune di Voltaire (7). In verità laddove lo storico trovava argomento alla sua ammirazione egli non conosceva limiti e con il medesimo entusiasmo descriveva la figura di Giovanna d'Arco come la scoperta della tipografia in quanto per lui l'uno e l'altro erano esempi di una forte ed imperiosa vitalità uma-

(5) P. De Barante, *Histoire des ducs de Bourgogne de la Maison de Valois*, 1824, vol. I, prefazione.
(6) Cfr. P. Moreau, *op. cit.*, p. 137.
(7) Sainte-Beuve, *Causeries du lundi*, vol. XIII, p. 276.

na. Al medesimo modo per riconfermare nella tradizione la nuova poesia romantica, ribelle soltanto in apparenza, Sainte-Beuve risuscita Ronsard; fa di Villon un precursore della indisciplina morale dei poeti moderni; sottolinea quanto le opere del Fauriel e dell'Ampère contribuiscono a chiarire il valore della tradizione poetica tracciando la storia della sua origine. Come Michelet di Giovanna d'Arco fa una eroina che fuori del suo tempo, in una luce eterna, rappresenta il trionfo dell'amore di patria sempre vittorioso anche se oppresso; così A. Thierry innalza la sua Galeswinthe al di sopra della realtà storica e fa di lei una « figure mélancolique et douce qui traversa la barbarie mérovingienne comme une apparition d'un autre siècle ». Onde si può dire che questi storici, nella loro ricerca di individualità umane spiccate e caratteristiche, dimenticarono la visione generale del tutto negativa che essi avevano dei secoli medievali e soltanto si curarono di individuare spiriti fraterni in cui la natura umana avesse trovato la sua piena realizzazione. Parrebbe quasi che quel concetto che dovrà poi essere direttivo soltanto per l'interpretazione generale dell'età del Rinascimento, sia già presente in tutti questi storici romantici sia che essi dedichino il loro ardente interesse ai Merovingi o ai Normanni, ai Celti o ai Gallo-romani. Quell'ardore di ricerca di una umanità nuova che doveva poi concentrarsi negli anni radiosi del sec. XVI, non pare dubbio che prima fece le sue prove lungo tutto il periodo medievale nel quale la storiografia romantica si sforzava di rintracciare quanto verso il 1840 doveva con tanta abbondanza trovare in un secolo solo (8).

Questi elevati esempi di una umanità riccamente dotata gli storici dell'Ottocento interpretarono come espressione di una serie di valori che essi videro in uno svolgimento che era stato del tutto sconosciuto alla storiografia illuministica. Al rigido dualismo di quest'ultima essi

(8) È stato dimostrato da B. Croce (*La storia,* Bari, Laterza, 1938, p. 99 sgg.) che anche il Burckardt attribuì « la scoperta del mondo e dell'uomo » non solo all'età del Rinascimento ma anche alla civiltà ateniese. Per il Nietzsche cfr. Ch. Andler, *Nietzsche et Burchardt, leur philosophie de l'histoire* in *Revue de synthèse historique,* 1907, p. 121; 1909, p. 137.

opposero un concetto nuovo secondo il quale le epoche storiche cessavano di essere guidate o da una visione ciclica di splendori e di decadenze o da una visione preparatrice di un felice avvenimento finale. Ora in tutte le epoche veniva additato quanto in esse vi era di positivo vantaggio per l'umano pensiero che era osservato in continuo arricchimento secondo un progredire lento ma sicuro. Secondo questo processo evolutivo il Villemain studiò attraverso alla letteratura lo svilupparsi della società civile; il Guizot descrisse la varia fortuna della lotta sempre rinnovantesi tra la tendenza associativa e l'indipendenza individuale; il Thierry tracciò, attraverso alle conquiste ed alle invasioni, una linea progressiva dell'opera di rivolta contro ogni tentativo di unità; finalmente il Michelet descrisse la progressiva ascesa del popolo francese dalla complessa e vivente ricchezza del territorio nazionale.

Tuttavia questo concetto così fecondo non sempre fu direttivo, come potrebbe sembrare, dell'interpretazione storica ed anzi talvolta fu a tal punto debole o del tutto assente da lasciare aperta nuovamente la via al ritorno inatteso della concezione illuministica. Allora questa, ben diversamente da quanto sono venuto dicendo, non solo non veniva superata ma coesisteva unitamente alla nuova concezione storiografica e talvolta anche completamente la annullava. Così quell'erudizione settecentesca laboriosa e vasta che il presidente De Brosses ammirava nel Muratori, trovava una continuazione diretta nella sua sterilità, nei nuovi compilatori dell'*Histoire littéraire de France* (9). Pur con spirito mutato, i nuovi eruditi che sotto la direzione di V. Le Clerc si erano messi al lavoro, il Littré, P. Paris, F. Lajard, lo stesso Fauriel, non facevano che continuare l'opera dei Maurini nel suo spirito e nei suoi risultati, ricostruendo a loro volta quello che il Sainte-Beuve non poteva non definire che un vasto necrologio (10). Ma più ancora quello speciale periodizzamento dei secoli cristiani in cui, opponendo l'età di mezzo all'età del Rinascimento, l'illuminismo del Bayle e del Voltaire aveva espres-

(9) Cfr. F. Neri, *La costruzione della storia letteraria francese*, estr. da *Miscellanea della Facoltà di Lettere e filosofia di Torino*, 1938, p. 8.

(10) Sainte-Beuve, *Causeries du lundi*, vol. VIII, p. 278.

so tutta la sua ispirazione anticlericale, messo da parte per non essere stato sufficientemente pensato e maturato il concetto di svolgimento, continuava a guidare l'interpretazione storica. Onde la storiografia romantica che voleva opporsi a quella illuministica, da questa ereditava alcuni principii direttivi di cui si serviva, pur avendoli superati nelle menti più pensose sempre in teoria e talvolta anche nella pratica. Nessuna meraviglia quindi che un visitatore romantico della ricca casa ginevrina del Favre esprimesse di fronte all'erudito laborioso il medesimo giudizio del De Brosses di fronte al Muratori.

II. - *Significato dell'opposizione tra Medio Evo e Rinascimento nei principali storici francesi dell'età romantica.*

Fino a qual punto il periodizzamento illuministico sia stato accolto e sviluppato dalla storiografia romantica basterà accennare con pochi esempi significativi. E' noto il disprezzo del Thierry per tutti i secoli medievali interpretati come un'epoca di tenebrosa superstizione. Per le figure cristiane più rappresentative di quella età lo storico non ha sufficiente ironia. Racconta della loro attività, accenna alla loro influenza con un tono fiabesco voluto e del tutto artificioso; i suoi giudizi sono espressi con fredde frasi volterriane che ricordano, anche nello stile, quelle dell'*Essai sur les moeurs.* Quando mitigherà questa sua maniera in una più meditata considerazione storica, il Thierry non per questo muterà la sua visione negativa del Medio Evo e si limiterà a raddolcire la satira volterriana nella fine ironia di un sorriso alla Renan. Così il Sainte-Beuve, pur dimostrando talvolta di avere la coscienza storica dell'importanza del periodo medievale e del suo progressivo svilupparsi in una civiltà nuova ed originale, non sa tuttavia uscire dallo schema settecentesco. Se si propone di tratteggiare la storia della lirica francese che precedette Ronsard e di spiegare come da questo essa sia stata valorizzata e rinnovata, egli non solo non sa legare i secoli medievali al Rinascimento ma quelli oppone a questo mediante ben tre « ruptures » che da Villon a Ronsard segnano un periodo di morte quasi completa della poesia (11). Così lo stesso Ronsard viene descritto non come colui che riprese con nuovo ardore la pur sempre viva tradizione medievale ma come il rinnegatore del patrimonio di tanti secoli dai quali sdegnosamente si allontanava per voltarsi esclusivamente alla classicità. Già nel 1828 nel *Tableau historique et critique de la poésie française au XVIe siècle,* Sainte-Beuve scriveva: « Quelque chose finit au XVIe siècle en poésie et quelque chose commence » (12); ma ancora questa idea egli riprendeva, pur con le necessarie varianti, nel *Discours préliminaire* alla *Histoire de Port-Royal* dove viene affermato: « Le seizième siècle se détachait réellement et manifestement de tous ceux qui avaient précédé par la vigueur de l'agression, par la nouveauté et l'étendu des plaies qu'il avait faites » (13). Lo schema era a tal punto diffuso e tanto accolto nella concezione di tutti gli storici da giungere persino ad ispirare quella curiosa *Histoire des Français des divers états* (1848) di Alexis Monteil dove il Trecento ed il Quattrocento vengono descritti in tutto il loro tenebroso orrore medievale sotto forma di lettere scambiate da monaci di Tours e di Tolosa in cui gli uomini del tempo raccontano le miserie della loro professione.

Tuttavia fra tutti gli storici fu proprio il Michelet colui che maggiormente accolse lo schema illuministico e questo pose a fondamento di tutta la sua interpretazione storica del Medio Evo e del Rinascimento. Tutti ricordano l'introduzione al settimo volume della sua *Histoire de la France* (14) dove viene scritta una fiera requisitoria contro tutta la mentalità medievale. Questa è opposta con colorito risalto alla mentalità del Rinascimento in cui l'uomo e la natura sarebbero stati nuovamente scoperti. Con lo schema il Michelet accoglieva anche la metafora illuministica e parlava a sazietà delle tenebre medievali finalmen-

(11) Sainte-Beuve, *Nouveaux lundis,* vol. XIII, p. 363. — Cfr. H. Franchet, *Sainte-Beuve et Ronsard,* in *Revue d'hist. litt. de la France,* 1938, p. 434 sgg.

(12) Sainte-Beuve, *Tableau de la poésie française au XVIe siècle,* ediz. J. Troubat, Parigi, Lemerre, 1876, p. 2.

(13) Sainte-Beuve, *Histoire de Port-Royal,* tomo I, p. 7.

(14) J. Michelet, *Histoire de la France,* vol. VII: *Histoire de la France au seizième siècle. Renaissance,* Parigi, 1855.

te fugate dalla luce della Rinascita. Ma questo egli faceva appesantendo a tal punto il contrasto da apparire veramente un illuministico banditore di tempi nuovi tanto che un critico contemporaneo, sottolineando l'inopportunità, osservava: « Michelet poursuit après trois siècles cette guerre contre le Moyen âge qu'il croit retrouver encore menaçant » (15). In verità, per l'originale temperamento dello storico, il Rinascimento rappresentò una delle sue più ardenti passioni a cui aveva dato lirico sfogo già nel 1840-41 nei corsi al Collège de France. Innamoratosi di quell'idea centrale — scoperta dell'uomo e della natura (16) — che già la precedente storiografia aveva ricercato anche nei secoli medievali, lo scrittore trovò con essa argomenti e fatti capaci di avvalorare maggiormente quella opposizione tra i due periodi storici che per debolezza di pensiero e per sovrabbondanza di temperamento fantastico non era stato capace di non accogliere dal Settecento. Ma come osservare che tale rifiuto fosse facile alla mentalità storica del periodo romantico? L'esempio del Villemain a questo proposito è quanto mai interessante. Si può dire che pochi altri storici francesi di quel momento ripensarono con intensità pari a quella del Villemain il concetto dello svolgimento dei valori spirituali e forse nessuno come lui lo ebbe tanto presente nel narrare le vicende dei popoli e della civiltà. Tuttavia di fronte all'interpretazione del passaggio dal Medio Evo al Rinascimento si osservi come procede. Egli intuisce benissimo che una rottura non ci deve essere fra quei secoli; egli osserva molto chiaramente: « Nous sortons par degrés du Moyen Age pour entrer dans la civilisation moderne. Il n'y a pas une époque précise, un jour fixe où l'on puisse dire: ici finit le Moyen Age. Mais un mouvement plus rapide sous quelques princes et jamais interrompu, conduit insensiblement les esprits de cette rudesse, de cette ignorance ou de ce refus de savoir à des idées justes, à des sentiments élevés, à une sociabilité mémorable » (17). Così egli, pur senza evitare

(15) Sainte-Beuve, *Causeries du lundi*, vol. III, p. 16.

(16) Cfr. G. Monod, *La vie et la pensée de Jules Michelet*, Parigi, Champion, 1923, 2 vol.; vol. II, p. 42.

(17) Villemain, *Cours de littérature française*: *Tableau de la littérature au Moyen-âge*, nouv. ediz., Parigi, 1870; tomo II, p. 239.

l'opposizione dei due periodi, ne segna il graduale passaggio. Ma ecco che quando questo concetto evolutivo diventa così importante da negare ogni precisa distinzione classificatrice, neppure il Villemain sa sfuggire alla tendenza illuministica e separa nettamente anche lui i due periodi. « Nous touchons, egli dice, presque au terme du Moyen Age. Nous voyons déjà le caractère de cette époque s'affaiblir et changer à mesure que la savante littérature de l'antiquité reparait et que les découvertes modernes se multiplient. Mais ce qui marque la fin du Moyen Age, le grand événement, l'hégire de la raison humaine c'est la découverte de l'imprimerie. Là commence avec son éclat et sa force la civilisation moderne » (18). Come si vede il fatto decisivo che autorizza il Villemain a dimenticare gli stretti rapporti evolutivi tra Medio Evo e Rinascimento è la scoperta della tipografia. Sottolineando la capitale importanza di questo fatto egli sa di tracciare una precisa linea di separazione tra due età che in questo modo, anche nella sua visione storica, vengono ad opporsi come il regno delle tenebre al regno della luce. E questo contro i suoi stessi principii teorici e quasi suo malgrado. Tanto lo schema illuministico era ancora presente nelle menti degli storici romantici.

Isolata tra tanti consensi alla eredità del Settecento rimane la teoria dell'Ampère, originale e stranamente precorritrice della più moderna interpretazione storica. Infatti mentre, come si è visto, tutti gli studiosi dell'Ottocento opponevano i secoli medievali al Rinascimento separandoli nettamente, l'Ampère, forse per primo, sostenne la tesi delle tre rinascenze, quella di Carlo Magno, del sec. XII e del sec. XVI tra di loro collegandole da un ideale sviluppo di idee e di propositi (19). La tesi, ripresa nel 1899 dal P. Mandonnet (20), ha avuto ora tale accoglienza sopra tutto tra gli studiosi stranieri che un recente ammiratore dell'Ampère, considerando quanto tempo sia stato necessario per risalire a questa dalla concezione opposta, ha

(18) Villemain, *op. cit.*, p. 266.

(19) J. J. A. Ampère, *Histoire littéraire de la France avant le douxième siècle,* Parigi, 1848, t. III, p. 33.

(20) P. Mandonnet, *Siger de Brabant et l'Averroïsme latin au XIIIe siècle,* 2e ediz. Lovanio, 1911, p. 3 sgg.

osservato: « Que ne l'a-t-on suivi an lieu de se mettre à la remorque de Burckhardt » (21). Desiderio forse comprensibile ma che nei fatti concreti era privo di ogni possibilità. Questa tesi allora non era altro che l'intuizione di un ingegno brillante che dedicatosi allo studio dei secoli medievali, di questi sentì l'interesse storico e l'importanza. Ma la cultura romantica appunto perché non sufficientemente ancora libera dai pregiudizi della tradizione illuministica né così progredita nelle ricerche tanto sul periodo medievale come sul Rinascimento, non era ancora in grado di avvalorare con tutta la necessaria documentazione la concezione che questa tesi sosteneva. Infatti bisogna aggiungere che proprio per questo perdurare della mentalità del Settecento nella storiografia romantica, anche l'erudizione filologica continuò a restare lontana dagli storici. I vari Pastoret, Daunon, Vitet, Raynouard non videro le loro ricerche entrare nella fervida elaborazione della generale interpretazione storica e per quanto essi sempre sostenessero che i secoli medievali erano quelli dell'origine dello spirito francese e quindi ne patrocinassero lo studio perché senza di essi non si poteva comprendere l'evoluzione della letteratura francese, pur tuttavia gli storici rimasero sordi a questi richiami. Come essi potevano risalire oltre il Rinascimento se tra questo ed il Medio Evo vi era una storica soluzione di continuità? Quando il Nisard, proponendosi di studiare la storia dello spirito francese, volle incominciare dai secoli medievali, egli lo fece con infinite precauzioni e richiamandosi sempre all'esempio luminoso del Rinascimento. Per non essere sordo alla realtà medievale che l'erudizione contemporanea veniva ogni giorno maggiormente illuminando, egli prendeva a studiare Commynes e Villon, la produzione letteraria dei secoli XII e XIII; ma ne riportava un giudizio negativo. « J'aime, egli diceva, l'esprit français dans l'image naïve que nous en ont donnée nos écrivains du douzième au seizième siècle; mais combien l'aimerai-je mieux au seizième siècle alors que la Renaissance en aura fait

(21) G. Paré, A. Brunet, P. Tremblay, *La renaissance du XIIe siècle. Les écoles et l'enseignement*, Parigi-Ottawa, 1933, p. 146, nota 1.

l'esprit humain » (22). Per il Nisard il Medio Evo restava ancora un periodo oscuro; tutto quello che in esso l'erudizione scopriva era da lui giudicato come uno sforzo verso la bellezza e l'arte, costante ma sempre vano (23).

III. - *La storiografia francese della seconda metà dell'Ottocento delimita tra Medio Evo e Rinascimento un periodo di completa assenza di ogni cultura.*

La storiografia del romanticismo francese verso la metà del sec. XIX presenta questa paradossale situazione: essa reagisce nella sua linea teorica alla concezione dell'Illuminismo, ma particolarmente non rifiuta lo schema che oppone Medio Evo e Rinascimento; scopre e fa suo il concetto di svolgimento, ma non lo applica al passaggio dai secoli medievali a quelli moderni; riprende e sviluppa la vichiana unione di filosofia e filologia, ma continua a tenere separati in una nociva solitudine i risultati delle due discipline.

Fu necessario che dalla Germania giungesse un nuovo contributo filosofico e filologico perché un notevole passo nel pensiero e nelle ricerche fosse compiuto verso una più precisa valutazione della realtà. Allora i secoli medievali svelarono gran parte dei loro segreti; questi vennero più opportunamente studiati e valutati e poco a poco quelle tenebre che ricoprivano un millennio si andarono diradando fino a restringersi soltanto al periodo in cui veniva indicata la rottura tra Medio Evo e Rinascimento. Quel periodo acquistò tanta importanza che il Le Clerc ed il Renan sentirono la necessità di dedicargli uno studio particolare (24). Posto tra due periodi di alta cultura esso rappresentò un momento capitale nella storia dell'arte francese. « C'est le moment, scriveva il Renan, où il est

(22) D. Nisard, *Histoire de la littérature française,* Parigi, 1844; 8ª ediz. 1881, tomo I, p. 7.

(23) D. Nisard, *op. cit.,* p. 239 sgg. Cfr. F. Neri, *op. cit.,* p. 7 sgg.

(24) Le Clerc e Renan, *Histoire littéraire de la France au quatorzième siècle,* Parigi, 1865, 2 vol.

décidé que l'art du Moyen-âge mourra avant d'avoir atteint la perfection; qu'au lieu de tourner au progrès, il tournera à la décadence » (25). Come per il Michelet anche per il Renan l'arte medievale portava in se stessa la ragione della sua rovina. Essa muore di morte naturale proprio nel sec. XIV. Questo quindi diventa il vero periodo medievale che la nuova filologia era venuta delimitando con le sue nuove ricerche tra due periodi altrettanto luminosi della civiltà. Lo stesso Le Clerc giustificava lo studio che egli aveva compiuto dell'influenza della poesia del sec. XIV sulle altre nazioni con il bisogno « de compenser, egli diceva, par de plus brillants souvenirs l'infériorité littéraire qu'il faut bien reconnaître dans le XIVe siècle ». Poiché in questo secolo la cultura francese cadeva in un tenebroso torpore, ogni possibilità di fissare i punti di contatto tra Medio Evo e Rinascimento diventava una impresa assurda.

Non è a dire che a questa concezione la nuova generazione di filologi non reagisse energicamente. Fatti sicuri dai risultati ottenuti con le loro ricerche, L. Gautier, Aubertin ed altri sostennero con vigore che le vere origini della letteratura francese risalivano senza interruzione ai secoli medievali. Essi tentarono anche di capovolgere la tesi tradizionale e mentre denigravano tutto quanto non aveva un precedente medievale, dopo di aver proclamato con L. Gautier che il Seicento ed il Settecento avevano dato « l'exemple d'une ingratitude scandaleuse envers nos antiquités nationales », sostennero che il Rinascimento non solo non aveva rinnovato la cultura ma aveva interrotto lo sviluppo naturale dello spirito della letteratura francese (26). La tesi nella sua arditezza era un esempio im-

(25) Le Clerc e Renan, *op. cit.* p. 294.

(26) Il Villemain aveva già applicato questa idea alla letteratura italiana (*op. cit.* p. 279). Questa idea venne poi ripresa dal De Sanctis. Cfr. C. De Lollis, *Italia e Francia in marcia verso l'eroico* in *La Cultura,* 1925, p. 160 sgg.; F. Neri, *Storia e poesia,* Torino, 1936, p. 137 sgg.: *De Sanctis e la critica francese.* Il Croce ricorda i giudizi severi portati dagli storici posteriori al De Sanctis sull'umanesimo che avrebbe allontanato la letteratura italiana dalla via popolare e nazionale (cfr. *Poesia d'arte e poesia popolare,* Bari, Laterza, nuov. ediz. 1946, p. 35). Per la Francia il concetto è stato ripreso recentemente da J. Boulenger, *Le vraie siècle de la Renaissance* in *Humanisme et Renaissance,* tomo I (1939), p. 9 sgg.

portante di un raggiunto connubio tra la filosofia e la filologia ed indicava un più maturo momento della storiografia francese. Ma che essa non fosse ancora una conquista raggiunta da tutta una cultura lo dimostrò la facilità con cui essa fu combattuta e superata dai rappresentanti della tesi tradizionale. Questa venne ripresa e dimostrata ancora valida dal Brunetière e da G. Paris. Il primo sostenne che la letteratura medievale non era una grande letteratura e che essa era già morta quando il Rinascimento venne a rinnovare tutta la vita francese (27). Per parte sua G. Paris appoggiò con la sua incontestabile competenza la tesi. Egli sostenne contro tutta la nuova filologia che i precedenti della letteratura classica non si trovano nella letteratura medievale. « On ne saurait dire, egli scriveva, que la littérature moderne continue la littérature du Moyen-âge de la même façon que l'histoire moderne continue celle des temps antérieurs; il y a un véritable abîme entre la littérature inaugurée au milieu du XVIe siècle et celle qui florissait aux siècles antérieurs ». L'insigne filologo enumerava le ragioni che spiegavano il fatto e ricordava come il Rinascimento fosse un movimento venuto dall'Italia che si era dichiaratamente opposto a quegli elementi culturali che esistevano ancora nel paese; indicava nella scoperta della lingua e della letteratura greca un fattore importante che aveva contribuito alla rottura con la tradizione medievale e finalmente così precisava la sua interpretazione del passaggio storico tra Medio Evo e Rinascimento: « La plus importante de toutes ces causes qui expliquent la rupture de la littérature du XVIe siècle avec celle du Moyen-âge est dans le fait que la première était séparée de la seconde par un intervalle plus grand qu'il ne semble ou plutôt que la seconde, à vrai dire, depuis longtemps n'existait plus. Ce qui l'avait remplacée était une littérature bâtarde, sorte de Renaissance avortée, mêlant les restes de la puérilité subtile du Moyen-âge à une gauche imitation de l'antiquité latine, dénuée de sujets et vide de pensées, incertaine de forme, incapable de grandeur et d'énergie et tout aussi incapable

(27) Brunetière, *Études critiques sur l'histoire de le littérature française,* Parigi, Hachette, 1888, t. I, pp. 1-40.

de vraie beauté » (28). In questo modo G. Paris non faceva che riprendere il vecchio schema storiografico anche se ad esso aggiungeva l'importante modificazione di annettere anche il sec. XV al periodo di morte che per il Renan era rappresentato dal solo sec. XIV. Tuttavia il principio restava immutato e più che mai la rottura tra due importanti periodi della civiltà francese veniva confermata dal più insigne rappresentante della filologia del tempo. Tutti i collaboratori della *Histoire de la littérature française* del Petit de Julleville seguirono l'interpretazione storica del maestro. Così lo stesso Petit de Julleville alla fine dei suoi capitoli sulla poesia scriveva: « Au XVe siècle cet équilibre est rompu: la veine héroïque est tarie... le sens poétique de la vie se perd. Quoi qu'on ait pu dire le vieux tronc fatigué allait ne plus donner que des fruits vulgaires et la Renaissance qui le rajeunit par l'apport d'une greffe généreuse ne fut ni funeste ni même inutile à l'esprit français » (29). Così ancora il Bédier alla fine del suo capitolo sui fabliaux osservava che « une période distincte de nôtre histoire littéraire est vraiment révolu » (30) mentre il Clédat terminava il suo capitolo sull'epica dicendo: « ...Après une brillante période de quatre siècles le roman disparait pour un temps de notre littérature » (31).

In questo modo, pur attraverso ripensamenti, discussioni e nuove ricerche, l'Ottocento conservava intatto il periodizzamento dei secoli cristiani che la storiografia illuministica gli aveva trasmesso. Il Medio Evo ed il Rinascimento erano stati in parte riabilitati: da questo e da quello era stata allontanata la tenebrosa incomprensione che su di essi aveva radunato il Settecento. Ma i due periodi storici non erano stati riuniti e neppure avvicinati; anzi essi venivano separati ancora di più di quanto non

(28) G. Paris, *Prefazione* a *Histoire de la littérature française* di Petit de Julleville, Parigi, Colin, 1896, tomo I, p. 9. Questa idea il Paris riprende nella recensione al primo lavoro sintetico del Brunot: « La Renaissance n'a pas plus tué la langue du Moyen âge qu'elle n'en a tué la littérature: celle-ci était morte et celle-là s'était transformé bien avant Du Bellay et Ronsard » (in *Melanges linguistiques* a cura di M. Roques, fasc. III, Parigi, 1906, p. 210).

(29) Petit De Julleville, *op. cit.*, t. II, p. 397.

(30) Petit De Julleville, *op. cit.*, t. II, p. 102.

(31) Petit De Julleville, *op. cit.*, t. III, p. 205.

avesse fatto il Settecento perché fra essi veniva posto un periodo di assoluta morte della cultura e dell'arte. Ora una simile errata valutazione storica era senza una tradizione? I testi elencati nei capitoli che seguono dimostreranno dove gli storici romantici trovarono l'origine della loro concezione. Si vedrà che tanto l'idea di una rinascita della cultura nel sec. XVI (32) come l'opposizione tra Medio Evo e Rinascimento e la creazione di un periodo tenebroso tra le due età erano già state a più riprese formulate e spiegate dagli uomini più rappresentativi della corrente umanistica.

(32) Sull'origine del termine e del concetto di Rinascita nella storiografia francese cfr. A. Lefranc, *Diverses définitions de la Renaissance* in *Revue de Cours et Conférences*, XVIII, n. 28, 1910, p. 490 sgg.; J. Plattard, *Restitution des bonne lettres et Renaissance* in *Mélanges Lanson*, Parigi, 1922, p. 128 sgg.; Huet in *Bulletin de l'art ancien et moderne*, 10 sett. 1920 e *Revue du XVI siècle*, 1920, pp. 271-272 ;E. Langevin, *Sur le mot Renaissance* in R. Morcay, *La Renaissance*, Parigi, De Gigord, 1933, vol. I, p. 497 sgg.; F. Gilson, *Heloise et Abélard*, Parigi, Vrin, 1938, p. 157 sgg.; J. Huizinga, *Le problème de la Renaissance* in *Revue des Cours et Conférences*, 30 dic. 1939 segg.; Id., *Autunno del Medio Evo*, Firenze, 1940, p. 36; Id., *Civiltà e storia*, Modena, 1946, p. 77.

Capitolo secondo

LA LUCE DELLA RINASCITA E LE TENEBRE MEDIEVALI

I. - *Il concetto di rinnovamento e la sua espressione secondo una precisa metafora* (restitutio, rénovation, restitution). *Sua diffusione nelle opere degli umanisti da Petrarca a Rabelais.*

La prima chiara formulazione di un concetto storiografico che a secoli di completo abbandono culturale oppone un periodo di rinascita si trova nelle opere del Petrarca. Per quanto elementi rinascenziali siano stati indicati dagli studiosi moderni in Dante (1), nel movimento francescano (2) e in tutto il sec. XII (3), tuttavia mette conto osservare che soltanto il Petrarca pare affermare nei suoi scritti una chiara coscienza dell'importanza rinnovatrice della sua attività di studioso. Per altro proprio nel nostro poeta gli umanisti indicarono con voce unanime l'iniziatore della rinascita della cultura antica. E' nota la pagina del *Ciceronianus* dove Erasmo addita nel Petrarca il capo del movimento umanistico affermando: « Itaque reflorescentis eloquentiae princeps apud Italos videtur fuisse Franciscus Petrarcha sua aetate celebris ac ma-

(1) A. Dempf, *Sacrum Imperium, la filosofia della storia e dello stato nel Medio Evo e nella Rinascenza politica*, Messina, Principato, 1933. Non nei testi della *Vita Nuova* ma proprio nella *Commedia* indica elementi rinascenziali che saranno caratteristici della mentalità del sec. XVI, R. Montano, *Dante e il Rinascimento*, Napoli, Guida, 1942.

(2) H. Thode, *Franz von Assisi und die Anfänge der Kunst der Renaissance in Italien*, Berlino, Grote, 1885.

(3) Ch. H. Haskins, *The Renaissance of the twelfth century*, Cambridge, 1927.

gnus » (4). Ma anche Jean Despautère ripeteva il medesimo giudizio quando nella prefazione alla sua *Ars versificatoria* tracciava una breve storia della decadenza e della rinascita delle lettere latine. Parlando appunto dell'umanista italiano egli scriveva: « Qui (Petrarca) non sine divino numine circiter annum Domini millesimum CCCXL barbariei bellum indixit: fugientesque musas revocans, eloquentiae studia vehementer excitavit » (5). Né si può dimenticare che prima ancora di Erasmo e di Despautère già Trithème nel *Liber de scriptoribus ecclesiasticis*, ricordando i principali scrittori che si interessarono alla scienza religiosa, del Petrarca dice: « Qui literas humanitatis post longa silentia mortuas (ut ita dixerim) ab inferis revocavit ad superos » (6). Attestazione interessante non solo perché fissa il principio dello sviluppo storico del movimento che ci interessa ma perché adopera per indicare un concetto comune, una formula che richiama la precisa concezione storiografica caratteristica della mentalità degli umanisti. La quale per altro già in Italia aveva trovato la sua formulazione quando Leonardo Bruni, narrando la vita del Petrarca, aveva detto: « Francesco Petrarca fu il primo il quale ebbe tanta grazia d'ingegno che riconobbe e rivocò in luce l'antica leggiadria dello stile perduto e spento e, posto che in lui perfetto non fusse, pur da sé vide ed aperse la via a questa perfezione, ritrovando le opere di Tullio e quelle gustando ed intendendo, adattandosi quanto poté e seppe a quella elegantissima e perfettissima facondia » (7). Né diversamente diranno Ronsard (8) ed il Minturno (9) e quanti altri nel nostro poeta

(4) Erasmo, *Ciceronianus*, Lione, 1531, p. 247.

(5) J. Despautères, *Ars versificatoria*, Parigi, Josse Bade, 1516: Bibl. Naz. di Parigi, Rés. 2, 201; prefazione.

(6) J. Trithème, *Liber de scriptoribus ecclesiasticis* in *Opera storica*, ediz. Freher, Francoforte, 1601, fol. 322.

(7) L. Bruni, *Vita del Petrarca*, ediz. Galletti, Firenze, 1847, p 53.

(8) P. De Ronsard, *Au Sieur Barthelmi Del Bene* in *Oeuvres complètes*, ediz. Laumonier, Lemerre, 1914-1919, t. VI, p. 26; « Depuis que ton Petrarque eut surmonté la nuit / de Dante et Cavalcant et de sa renommée / claire comme un soleil eut la terre semée / fait citoyen du Ciel... ».

(9) Minturno, *De poeta*, 1559, p. 19. Questo ed ancora altri testi in Ch. S. Baldwin, *Renaissance literary Theory and Pratice;*

riconosceranno colui che aveva dato l'avvio ad una nuova generale concezione della cultura (10).

L'aspetto più appariscente che offre la concezione rinascenziale del Petrarca è quello politico. E' noto infatti come le ricerche minuziose ed approfondite del Burdach e del Piur abbiano messo in luce numerosi testi che dimostrano quale significato particolare il poeta attribuisce all'opera di Cola di Rienzo (11). Non c'è dubbio che il Petrarca sognò, almeno per un istante, di veder rinascere lo spirito di Roma nella sua gloria e nella sua potenza. Ed è proprio in questa occasione che il poeta insofferente di tutti gli ostacoli che si opponevano alla realizzazione del suo sogno, spesso deluso mai vinto, ricordando i tentativi fatti per il ritorno dell'antica grandezza romana, lamenta gli inutili sforzi ed i risultati negativi ottenuti. « Aspice Romam, egli scrive, comunem patriam, matrem nostram: iacet illa et, o spectaculum indignum!, calcatur ab omnibus quae omnes terras ac maria victrici quondam calce calcavit; et siquando forsan in cubitum erecta speciem surgentis exibuit, mox nonnisi suorum manibus impulsa relabitur » (12). Se più tardi il Machiavelli parlando del tentativo di Cola di Rienzo accennerà a *Roma rinata* (13), si

Classicism in the Rhetoric and Poetic of Italy, France and England, New York, Columbia University Press, 1933, p. 3.

(10) J. H. Robinson e H. W. Rolfe, *Petrarch, the first modern Scholar and Man of letters*, New York, 2 ediz., 1914; E. Tatham, *Fr. Petrarca, the first modern Man of Letters*, 2 vol., Londra, 1925-26.

(11) K. Burdach, *Rienzo und die geistige Wandlung seiner Zeit*, Berlino, 1913-1928; *Petrarcas Briefweschsel mit Deutschen Zeitgenossen, Herausgegeben von P. Piur*, Berlino, 1933; P. Piur, *Cola di Rienzo*, Milano, Treves, 1933.

(12) Petrarca, *Epistolae Familiares*, libro XV, 6; ediz. crit. Rossi, vol. III, Firenze, Sansoni, 1937, p. 149; 1, 5-9.

(13) Machiavelli, *Istorie fiorentine*, I, 31. Il testo fu messo in evidenza dal Burdach, *Riforma, Rinascimento, Umanesimo*, Firenze, Sansoni, 1935, p. 10. Per il significato storico del concetto di Rinascimento, oltre a questo testo devono essere ricordati, perché altrettanto interessanti, quelli che qui trascrivo. *Istorie fiorentine*, I, XXXIX, 17-21 (ediz. Carli, p. 64): « ... e in fine la ridussero in tanta viltà che ogni mediocre capitano, nel quale fusse alcuna ombra dell'*antica virtù rinata*, gli arebbe con ammirazione di tutta Italia, la quale per sua poca prudenza gli onorava, vituperati... »; *Discorsi sopra la prima deca di Tito Livio*, III, 1 (ediz. Barbera,

può vedere qui che prima di lui già il Petrarca aveva chiaramente sentito ed espresso la bellezza di un tale sogno in cui erano riposte tutte le aspirazioni e gli amori di un letterato che considerava suoi corrispondenti Cicerone, Livio e Seneca. Tuttavia questo sentimento di rinnovamento degli spiriti quale poteva ottenersi con la ripresa della tradizione classica, al punto che questi innovatori erano dei tradizionalisti, implicava indirettamente pure il riconoscimento che in un momento della storia tale continuità era venuta meno. Poiché se una spiritualità tentava di nascere per una seconda volta, era naturale che essa in un certo momento fosse morta. Ed il ricordo di Roma era a tal punto presente nella mente del Petrarca da non apparire strano che se nel testo citato vi sono dei preannunzi al Machiavelli, vi si possono pure trovare gli echi dei lamenti di S. Girolamo quando con espressioni quasi identiche, assistendo dal lontano Oriente al fragoroso cadere dell'impero romano, manifestava tutto il suo addolorato stupore (14). Il riconoscimento della morte e della rinascita dello spirito di Roma, vivo quale era nella concezione dell'umanista, recava con sé la realizzazione storiografica di un'età di mezzo in cui Roma nella sua potenza politica era stata dimenticata; onde si può affermare che dal punto di vista politico il nostro poeta ebbe netta l'idea del Medio Evo concepito come il periodo della morte dell'impero romano a cui doveva seguire la ripresa dell'antica tradizione in una nuova età di rinnovamento. Dal lato politico adunque l'opposizione tra il Medio Evo e la Rinascenza era implicita in cotesta concezione ed il valore che essa attribuiva alla nuova età che si veniva preparando era

p. 165): « Quanto al primo si vede come gli era necessario che Roma fusse presa dai Franciosi, a volere *che la rinascesse e rinascendo ripigliasse nuova vita e nuova virtù* e ripigliasse la osservanza della religione e della giustizia le quali in lei cominciavano a macularsi »; *Dell'arte della guerra*, VII (ediz. Costero, p. 228): « Di che non voglio vi sbigottiate o diffidiate perché questa provincia pare *nata per risuscitare le cose morte* come s'è visto della poesia, della pittura e della scultura ».

(14) S. Girolamo, *Epistola LX*, Migne, tomo XXV, col. 601: « Romanus exercitus, victor orbis et dominus, ab his vincitur, hos pavet, horum tenetur aspectu, qui ingredi non valent, qui si terram tetigerint se mortuos arbitrantur ».

tanto più grande quanto più radicale ed assoluto era il disprezzo per tutto quello che non fosse di origine romana.

Tuttavia non solo dal punto di vista politico il Petrarca ha coscienza di questa opposizione ma ancora ed a più forte ragione, dal punto di vista letterario. Se egli piangeva la perdita della potenza romana, non lamentava meno la dimenticanza della cultura latina e se sperava in un ritorno politico alla grandezza di Roma, considerava con maggior ottimismo le speranze di una rinascita delle lettere classiche. Né meno viva era in lui la coscienza storica della decadenza letteraria che si era protratta per un periodo a cui soltanto la sua opera aveva posto termine; onde si può ancora in questo caso dire che il Medio Evo si concretizzava anche nel campo letterario come l'età di mezzo tra l'antica e la nuova grandezza della cultura latina (14bis).

Questo sentimento è chiaramente espresso in quella lettera al Boccaccio in cui il Petrarca rimprovera l'amico di aver bruciato i propri versi perché non degni di essere paragonati ai suoi (15). Analizzando con fine intuizione psicologica le ragioni di una simile decisione, l'umanista non senza una certa abilità letteraria, ha cura di ricordare quale sia il posto che gli deve essere assegnato fra gli iniziatori della letteratura italiana, ed afferma di formare con Dante e con l'amico la triade degli innovatori. « Audio, egli scrive, senem illum Ravennatem rerum talium non ineptum iudicem, quotiens de his sermo est, semper tibi locum tertium assignare solitum. Si is sordet sique a primo obstare tibi videor, qui non obsto, ecce volens cedo locus tibi linquitur secundus, hunc si repuis, nescio an secundus sis ». Dichiarazione in cui non sai se ammirare la fine ironia o l'attenta cura con cui vengono fissate le reciproche posizioni. Si noti tuttavia, vicino a coteste affermazioni del proprio valore, l'ingenuità dell'innovatore che esagera involontariamente i suoi giudizi e traccia una recisa linea di separazione tra due epoche che egli, deformando

(14bis) Cfr. una precisa messa a punto della questione fatta da T. E. Mommsen, *Petrarch's conception of the Dark Ages*, in *Speculum*, XVII (1942), pp. 226-242.

(15) F. Petrarca, *Epistolae rerum senilium*, libro V, lettera III, in *Opera*, Basilea, 1581, tomo II, fol. 794.

la realtà, divide ed oppone. Questa posizione ci spiega la completa svalutazione fatta dal Petrarca della cultura che aveva regnato sovrana nei secoli precedenti il suo e la tenacia con cui combatte ogni resistenza nei suoi contemporanei. Quello che egli non può sopportare è che le lettere siano state e siano ancora disprezzate: « O aetas ingloriosa, domanda rivolgendosi ancora al Boccaccio, tu ne antiquitatem, matrem tuam, honestarum omnium artium repertricem, spernis? »; e ritornando sempre sul medesimo concetto aggiunge ancora: « Sed quid, quaeso, literatos homines excusabit? Qui cum veterum non ignari esse debeant, in eadem opinionum caecitate versantur? » (16). In altra occasione, intrattenendosi sul medesimo argomento, indicava nella pigrizia la ragione della riluttanza degli uomini colti ad aprirsi alla nuova tendenza culturale (17) e non nascondeva una sua intima delusione nel vedere quanto poco fosse seguito il movimento culturale che egli aveva voluto iniziare. Così in un'altra pagina rimasta famosa (18), l'umanista, per un momento deluso dalle difficoltà incontrate, vede la sua opera ergersi solitaria in alto nella divisione di due epoche *(in confinio duorum populorum constitutus)*: da un lato i secoli medievali in cui, pur essendo perite tante opere classiche, alcune di queste tuttavia erano ancora ricordate; dall'altro, una nuova età in cui della cultura antica non vi sarebbe stato neppure più il ricordo, avendo per essa gli uomini perso ogni interesse (19). In

(16) F. Petrarca, *Epistolae rerum senilium*, lettera cit., fol. 795.

(17) F. Petrarca, *Epistolae rerum senilium*, libro I, lettera IV, in *Opera, op. cit.*, tomo II, fol. 744.

(18) F. Petrarca, *Rerum memorandarum libri*, I, 19; ediz. Billanovich, Firenze, Sansoni, 1943, p. 19, 16-33.

(19) E' noto come questo testo sia stato messo in luce per la prima volta da P. De Nolhac (*Pétrarque et l'humanisme*, 2e ediz. Parigi, Champion, 1907, vol. II, pp. 68-69) il quale aveva rivisto il testo incerto dell'edizione di Basilea sul codice Par. 6869. Su questo testo che egli giudicava capitale, l'erudito francese si basava per dimostrare quanto profonda fosse la coscienza della rinascita nel Petrarca. (Cfr. P. De Nolhac, *Du rôle de Pétrarque dans la Renaissance*, Parigi, 1892). Accoglievano l'interpretazione del De Nolhac quanti si preoccupavano di dimostrare sui testi la modernità della cultura dell'umanista; dal Norden (*Die Antike Kunstprosa*, Lipsia. 1898, p. 732) al Tilley, *The Dawn of French Renaissance*, Cambridge. 1918, p. 8. Ora E. Gilson ha dimostrato (*La Philosophie du*

tale storica posizione il Petrarca vede la propria attività come quella di chi ha la grave responsabilità di suscitare energie onde la cultura classica non solo non perisca completamente ma, se possibile, ritorni a rifiorire. E non è a dire che in momenti più sereni questa speranza non allietasse la fatica quotidiana dello studioso. Come infatti dimenticare la compiaciuta soddisfazione con cui egli sottolineava alla curia avignonese un rinnovato amore per la poesia quale non doveva essere stato così ardente né ad Atene né a Roma né al tempo di Omero né in quello di Virgilio? (20) Pur velando la sua compiacenza con una fine ironia egli non nascondeva che tanto ardore era tutto merito suo ed anche era colpa sua (qua in re... mordet animum conscientia) se i medici e i giureconsulti avevano abbandonato Giustiniano ed Esculapio per votarsi al culto esclusivo delle Muse. Un vecchio padre angosciato non era venuto a rimproverare il Petrarca di avergli strappato il figlio deciso ormai ad essere non un avvocato ma un poeta? (21). Alla fine della sua vita laboriosa il poeta guarderà nuovamente verso l'avvenire e scrivendo all'ami-

Moyen âge, 2a ediz. Payot, 1944, pp. 728-729) che questa pagina è sempre stata fuori del suo contesto. Infatti in essa il Petrarca non oppone un periodo di ignoranza ad un periodo di alta cultura ma un periodo di mediocre cultura ad uno peggiore. Interpretando così, lo studioso conclude: « Dans la lutte qu'il a menée sans trêve contre les corrupteurs de la culture romaine, Pétrarque a dû parfois espérer le retour des Pères et de l'éloquence latine mais le jour où il se vit lui-même à la frontière de deux peuples, ce n'est pas le peuple de la Renaissance, c'est celui des Barbares qu'il voyait en regardant devant lui ». Il che è vero se si tien conto soltanto di questo testo in cui tuttavia, anche con la visione pessimistica dell'avvenire, il periodo medievale è chiaramente delineato come l'epoca in cui da Boezio a Petrarca stesso, la cultura, se non fu dimenticata, certo fu parecchio trascurata. Cfr. F. Simone, *Funzione storica del Petrarca*, in *Rivista di letterature moderne*, I, 3 (sett. 1946), p. 335. Uno dei primi che mise in evidenza come questo testo dimostrasse precisamente il contrario di quello che si credeva, fu L. Thorndike, *Science and thought in the fifteenth century*, New York, 1929, pp. 10-11. Una precisa impostazione del problema viene ora fatta da U. Bosco, *Petrarca*, Torino, 1946, pp. 136-137.

(20) F. Petrarca, *Epistolae Familiares*, libro XII, 6; ediz. crit. Rossi, vol. III, Firenze, Sansoni, 1937, p. 72.

(21) F. Petrarca, *Epistolae Familiares*, libro XII, 7; *op. cit.*, p. 81.

co Boccaccio nel 1373 con precisa sicurezza si vanterà di aver indicato con il proprio esempio come debba essere intesa la cultura. Allora egli affermerà: « Illud plane praeconium quod mihi tribuis non recuso: ad haec nostra studia multis neglecta saeculis, multorum me ingenia per Italiam excitasse et fortasse longius Italia » (22).

Il Boccaccio ed il Salutati, quali diretti continuatori dell'illustre amico e maestro, ebbero modo di acquistare maggior sicurezza sulle sorti di un movimento che all'iniziatore appariva confuso dal dubbio e dalle incertezze di ogni difficile impresa. Dal Boccaccio, ad esempio, l'immagine rinascenziale è usata nel modo più sicuro senza titubanza e non è più soltanto l'indizio di una speranza che al Petrarca negli ultimi anni della sua attività appariva ricca di promesse. Nel *Decameron* parlando di Giotto, egli anticipa lo schema storiografico che sarà ripreso dal Vasari ed adopera proprio la metafora che da questo sarà poi diffusa. « E per ciò, egli dice di Giotto, avendo egli quella arte *ritornata in luce* che molti secoli sotto gli error d'alcuni che più a dilettar gli occhi degli ignoranti che a compiacere allo 'ntelletto de' savj dipignendo, *era stata sepulta,* meritatamente *una delle luci della fiorentina gloria* dir si puote » (23). In modo ancor più chiaro il Boccaccio spiega la sua concezione nella lettera a Jacopo Pizzinghe giustamente famosa come una delle più belle affermazioni di fede letteraria e di amore per la poesia. Qui unitamente al nostalgico ricordo del tempo antico in cui le lettere ebbero giusti onori, lo scrittore sottolinea la situazione in cui, in un'epoca a lui più vicina, era caduta la poesia per la durezza dei tempi e l'incuria degli uomini. Situazione che pur tuttavia era mutata da quando studiosi di più acuta intelligenza erano venuti, quasi mandati dal cielo, a sollevare le sorti della oppressa poesia. « Verum, scrive il Boccaccio, aevo nostro ampliores a coelo venere viri, si satis

(22) F. Petrarca, *Epistolae rerum senilium*, libro XVII, 2, in *Opera, op. cit.*, fol. 966. Cfr. N. Sapegno, *Il Trecento,* Milano, 1934, p. 195.

(23) G. Boccaccio, *Decameron*, giornata VI, novella V; ediz. Ottolini, Milano, 1932, p. 388. Questo testo è stato indicato da J. Huizinga (*Le problème de la Renaissance* in *Revue des Cours et Conférences,* 30 dic. 1938, p. 168) per mettere in risalto come il Vasari nella sua concezione storiografica non fosse affatto originale.

adverto, quibus cum sint ingentes animi, *totis viribus pressam* (la poesia) *relevare et ab exilio in pristinas revocare sedes* mens est: nec frustra ». Come si vede era un felice ritorno quello che il Boccaccio constatava nel suo limpido latino: ritorno da un esilio lungamente sofferto in cui la poesia, strappata alla sua antica residenza, era stata tenuta prigioniera. Dante fu uno dei principali artefici di questo ritorno perché egli bevve al fonte sacro delle Muse che per molti secoli era stato dimenticato (« omissum a multis retroactis saeculis fontem »); dopo di lui il Petrarca (« vir inclitus... praeceptor meus ») osò ritentare la scalata al monte sacro e rendere l'antica limpidezza al fonte dell'Elicona (« undis in pristinam claritatem *revocatis* ») e rimettere in onore nel tempio antico Apollo *(« Apolline in sede veteri restituto »)* ed additare ai romani quel Campidoglio non più venerato « ab annis forsan mille vel amplius » (24). Nella viva fantasia dello scrittore le immagini si susseguono le une dopo le altre, ricche di ricordi mitologici ma tutte fuse nell'unità fondamentale fornita dal concetto di *ritorno*, di *restituzione*, dopo tanti secoli, di un'antica gloria e di un dovuto onore. Per celebrare così fausto evento alla fine l'umanista intona il canto virgiliano: « Iam redit et virgo, redeunt Saturnia regna » (25). Ricordo non semplicemente causale ma, a mio avviso, di grande interesse perché ci offre il modo di constatare un esempio importante della transposizione del concetto di rinascita dal campo religioso a quello letterario. E' noto infatti come la tradizione medievale, al seguito principalmente di S. Agostino (*De civitate Dei*, lib. X, cap. 28), interpretasse questi versi come una profezia della venuta del Cristo. Questa interpretazione, non accettata da S. Girolamo, era giunta fino a Dante e per esso ai suoi commentatori ed al Salutati. Ora il Boccaccio adopera qui proprio uno dei testi classici più noti per il loro supposto significato religioso per indicare la rinascita letteraria, paragonata a quel brillante momento storico che si era rea-

(24) Boccaccio, *Lettere edite ed inedite*, ediz. Corazzini, Firenze, 1877, p. 189 sgg.

(25) Su questa idea del ritorno all'età dell'oro come motivo importante negli scrittori del Rinascimento cfr. K. Burdach, *Rienzo und die geistige Wandlung seiner Zeit, op. cit.*, p. 77 sgg.

lizzato sotto l'impero d'Augusto. E' vero che egli non credeva che Virgilio avesse accennato a Cristo, ma ugualmente non può essere trascurata questa applicazione, indizio di una mentalità che si serviva delle immagini offerte da una antica tradizione religiosa per esprimere i nuovi concetti umanistici (26).

Quale valore letterario avesse questo richiamarsi ai tempi mitologici di Saturno o dell'età dell'oro per indicare lo spirito della nuova età, ci viene rivelato pure da Jean de Montreuil in una lettera scritta ad un principe per esortarlo allo studio dei classici, necessaria cultura per ogni uomo politico. Dopo aver ricordato tutti gli antichi capitani ed i principi i quali prima di darsi alla vita pubblica si formavano con una adeguata preparazione letteraria, l'umanista francese in uno slancio di entusiasmo scrive: « Redeant igitur, redeant saecula illa quae tunc et ob id aurea vocabantur » (27); affermazione nella quale vi è tutta la speranza che animava gli uomini del primo cenacolo umanistico francese, desiderosi di riportare in onore le lettere e per esse la cultura classica. Che tale speranza giungesse a quegli studiosi dall'Italia non è a dubitare perché basterà pensare all'influenza del Petrarca ed alle relazioni che con essi ebbe il Salutati (28). Quest'ultimo per altro, non meno del Boccaccio, possedette chiara la coscienza rinascenziale. Un testo può servire di esempio. Discorrendo con un amico della sorte delle lettere e constatando le vicende non sempre liete a cui quelle andarono soggette, egli da ultimo afferma non senza soddisfazione: « Emerserunt parumper nostro saeculo studia litterarum » (29); dove nella immagine suggerita dal verbo ancora una volta

(26) E' questo un esempio importante del lento secolarizzarsi della concezione della Rinascita quale è stato indicato da K. Burdach, *Riforma, Rinascimento, Umanesimo, op. cit.*, p. 70.

(27) Jean de Montreuil, *Epistola II*, in *Epistolae*, Martène et Durand, *Amplissima Collectio veterum scriptorum*, Parigi, 1724, vol. II, p. 1315 sgg.

(28) A. Coville, *Gontier et Pierre Col et l'humanisme en France au temps de Charles VI*, Parigi, Droz, 1934, p. 140 sgg.; G. Billanovich, *Petrarca letterato. I: Lo scrittoio del Petrarca*, Roma, 1947, p. 388; F. Simone, *Rassegna di studi sul quattrocento francese, op. cit.*, p. 158 sgg.

(29) C. Salutati, *Lettera a Bartolomeo Oliari* in *Epistolario*, ediz. F. Novati, vol. III, p. 84.

si può osservare l'impressione che quegli studiosi avevano di uscire finalmente da un seguito di dolorose vicende che gli uomini ed i tempi avevano provocato ed aumentato a dismisura. Né diversamente pensava Nicolas de Clamanges, l'amico di Montreuil, che di quel cenacolo umanistico era il fondatore ed il capo. Con quel vivo senso storico che lo distingue anche dai suoi amici, egli non ignorava l'importanza della sua attività letteraria che risentiva della diretta influenza degli italiani, anche se a questi opponeva, forse inconsciamente, una mentalità di teologo. A chi cercava di ostacolare la sua opera e colpirlo persino con la dura punizione dell'esilio per certa supposta attività contro il suo re, egli ricordava la funzione di innovatore da lui stesso sostenuta e come, per merito suo, le lettere fossero rinate in Francia. Proprio come i fiori (« prisca florum suavitate ») l'eloquenza, dopo un lungo inverno, riprendeva il suo antico valore ed a tal punto si veniva sviluppando, da gareggiare con quella degli italiani. « Non proinde tamen aut in patria odio haberi aut ipsa pelli merui quod his ingeniosis studiis tanta superioribus saeculis celebritate veneratis, operam aliquantam impendi atque ipsam eloquentiam diu sepultam, in Galliis quodammodo *renasci*, novisque iterum floribus licet priscis longe imparibus, *repullulare* laboravi... » (30). Superato il terribile inverno, ora quei solerti educatori dovevano provvedere allo sviluppo di quel delicato fiore che ritornava in vita; ed era appunto quello che raccomandava il Poliziano in un suo discorso ai fiorentini dove parlando di Omero, paragonava l'erudizione greca « iampridem in ipsa Graecia extincta », ad un fiore che « sic *revixerit atque effloruerit* » da essere prediletto da tutti ed amato: fatto che da oltre un millennio non si era più avverato (« quod mille retro annis in Italia contigit numquam ») (31). Per oltre un millennio affermava l'umanista italiano essere durata l'ignoranza della cultura greca ed aggiungeva che per un periodo non molto più breve si era prolungato l'abbandono delle opere dei latini. Quali le ragioni? Gli scrittori classici erano

(30) Nicolas de Clamanges, *Epistola XLVI* in *Opera*, ediz. Lydius, Lugduni Batavorum, 1613, in-4°, p. 141.

(31) A. Poliziano, *Oratio in expositione Homeri*, in *Opera*, Lione, 1537, tomo III, pp. 63-64.

stati in parte uccisi dai barbari (« partim a barbaris caesi »); in parte da questi stessi trascurati (« velut in carcere coniecti »); tuttavia finalmente dopo tante peripezie, laceri, feriti, quasi irriconoscibili erano ritornati nella loro patria (« *suam hanc in patriam reverterunt* ») (32). Di questo ritorno l'oratore invitava i suoi uditori a rallegrarsi e nel medesimo tempo li esortava a non trascurare nuovamente i classici perchè non avessero a ritornare nelle tenebre donde con tanta fatica erano usciti (33). Meno ricco di immagini nella sua positiva tendenza critica, il Valla si serve di queste stesse metafore per indicare il medesimo concetto. In quella prefazione al primo dei suoi *Elegantiarum libri* che è come un manifesto di fede umanistica, in cui la differenza tra l'età medievale e la Rinascenza appare in tutta la sua chiarezza come l'opporsi della negligenza e dell'amore per la perfetta lingua latina, vi si trova accennata questa coscienza storica di un ritorno all'antica gloria letteraria. Come la pittura e la scultura, dice il Valla, anche le lettere nel suo tempo riprendono vita (« hoc tempore excitentur ac *reviviscant* ») tanto che egli afferma di aver la certezza che « linguam romanam plus quam urbem cum ea disciplinas omnes iri *restitutum* ». Caduta la speranza di una rinascita dell'impero politico di Roma che il Petrarca aveva lungamente atteso, non vien meno la speranza della rinascita della lingua latina anzi questa maggiormente si avvalora perché in essa è riposta tutta la gloria romana, essendo ormai chiaramente affermato che « ibi romanum imperium est ubicumque romana lingua dominatur » (34).

Il richiamo del Valla ebbe una profonda eco nel secondo cenacolo umanistico francese. Come nel primo i trecentisti italiani avevano conquistato dei fedeli seguaci, così in quel gruppo di letterati che si radunavano sotto la direzione di Guillaume Fichet e di Robert Gaguin le idee italiane trovarono degli ardenti difensori, non timorosi di opporsi alla corrente anti-umanistica che nell'università

(32) A. Poliziano, *Oratio super Quintilianum*, in *Opera, op. cit.*, tomo III, p. 107.

(33) A. Poliziano, *Oratio in expositione Homeri*, in *Opera, op. cit.*, tomo III, p. 101.

(34) L. Valla, *Elegantiarum latinae linguae libri*, praefatio ad libr. I in *Opera*, Basilea, 1543.

parigina era particolarmente potente. Si può con una certa sicurezza affermare che il concetto di rinascita giunse ai francesi insieme alle opere degli umanisti italiani e principalmente con le opere grammaticali e rettoriche di cui essi erano in modo speciale attenti studiosi. Poiché se dell'umanesimo italiano l'idea del ritorno alla spiritualità romana, per la sua complessità, era quello che più difficilmente poteva esportarsi oltre i monti a causa delle opposizioni politiche e nazionali, il concetto del ritorno della supremazia della lingua latina era non solo di facile divulgazione, ma di perfetto gradimento come quello che sintetizzava in quei teologi, più raffinati dei loro colleghi, i nuovi gusti estetici e le rinate tendenze letterarie. Per questo il Valla fu il loro grande maestro di cui studiarono la celeberrima opera sulle eleganze latine e questa stamparono nella loro prima tipografia, divulgando con essa l'ideale della *restitutio*. Per tale motivo non ci si dovrà stupire di trovare questa concezione espressa proprio con le immagini che sono venuto indicando nella prefazione di una delle prime opere dell'umanesimo francese, voglio dire in quella *Rhetorica* di Guillaume Fichet che rivela una perfetta devozione alla nuova causa e quanto grande fosse la coscienza di opporsi ad un vecchio metodo culturale (35). Nessuno prima di lui, affermava Fichet, aveva insegnato la rettorica insieme alla filosofia nell'università parigina, con l'intenzione di svilupparvi le tendenze letterarie (« nemo... *emersit* qui... rhetoricam cum omni philosophia tandem aliquando servet et doceat »); nessuno si era curato degli autori classici pur tanto utili alla formazione intellettuale dello studioso. Seguaci di altre tendenze, maestri ed allievi, prefiggendosi scopi pratici, a tal punto avevano trascurato le lettere che Fichet poteva scrivere al card. Bessarione: « At vero dicendi scientiam, non dico litteris mandare sed ne propensius quidem cognoscere nostrorum nemo conatus ad hunc diem est » (36). Solo con l'opera paziente e tenace dell'umanista savoiardo l'università parigina si apriva alla nuova concezione

(35) G. Fichet, *Rhetorica*, Parigi, 1471; leggo nella copia della Bibl. Naz. di Parigi, Rés. X, 1114.

(36) G. Fichet, *Epistolae*, s. ind. tip., Parigi 1471; leggo nella copia della Bibl. Naz. di Parigi, Rés, Z, 1683-84, epistola I.

culturale e Robert Gaguin additerà nel suo maestro ed amico colui che aveva rischiarato con un nuovo lume le fitte tenebre dell'ignoranza.

Testi ancora più aderenti alla precisa espressione della metafora rinascenziale ci offre Guillaume Tardif, uno dei più ferventi del cenacolo umanistico. Nelle prefazioni da lui scritte alle due edizioni della sua *Rhetorica* non solo si sente nel modo più chiaro la grande influenza che su di lui aveva esercitato il Valla, ma anche come egli avesse assorbito la generale concezione dell'umanista italiano. A sua volta Tardif parlava di una « *restitutio* » della lingua latina che per opera della sua attività di maestro e di traduttore si veniva definitivamente imponendo in Francia. Anche lui opponeva all'età precedente, ignorante del bello stile, un nuovo periodo che prendeva principio grazie all'influenza italiana, all'azione della tipografia, alla buona volontà di alcuni letterati. La triste condizione in cui erano caduti gli studî suscitavano i più sentiti lamenti da parte di uno studioso come Tardif che non temeva di richiamare all'opera quanti erano coloro che avevano a cuore la causa delle « *bonae litterae* ». Da parte sua egli aveva la coscienza di aver attivamente cooperato alla rinascita perchè non si era stancato di ripetere in ogni occasione l'utilità ed i vantaggi dell'eloquenza. Non aveva persino adoperato quasi le stesse espressioni di Cicerone per dimostrare quanto il bello stile giovasse alla saggezza? Non era giunto al punto di ripetere quasi le parole del Valla per indicare l'universalità della lingua latina? Ben poteva adunque l'umanista scrivere di aver composto le sue opere ad un unico scopo; « Ut, diceva, veram latinamque linguam benedicendique scientiam... in usum utcumque tantulus potero *restituam* » (37).

Amico degli umanisti del cenacolo francese, Jean Trithème non era meno cosciente della sua partecipazione al movimento rinascenziale. Legato da relazioni letterarie con i centri culturali tedeschi, egli rappresentava la via di unione tra questi e l'università parigina. Nelle sue lettere il monaco umanista constatava il rinnovamento che

(37) G. Tardif, *Eloquentiae benedicendique scientiae Compendium*, in-4°, Parigi, 1481-83. Leggo nella copia della Bibl. Naz. di Parigi, Rés. X, 1470, prefazione.

si veniva poco a poco realizzando. Scrivendo, per esempio, al fratello una lettera per tanti lati interessante ai fini dello studio della concezione umanistica di quel tempo, egli ricordava il grande beneficio recato dalla tipografia e come per opera di questa gli studi fossero più agevoli e più fecondi. In verità, egli concludeva: « Haec sunt vere aurea tempora in quibus bonarum literarum studia, multis annis neglecta, *refloruerunt* » (38). L'età dell'oro adunque era finalmente giunta? Quell'età che il Boccaccio e Jean di Montreuil auspicavano, quasi timorosi di esprimere un così esigente desiderio, per questo umanista era un fatto compiuto; il fiore che al suo sbocciare era stato accompagnato dai voti augurali di Nicolas de Clemanges e del Poliziano, ora quel medesimo fiore era nella sua completa fioritura. E cotesto era ben un dono divino, constatava Trithème, perchè nessun uomo con le sole sue forze avrebbe saputo vittoriosamente opporsi alla ignoranza della turba degli scolastici. Nè bisogna credere che Trithème accennasse soltanto agli studi letterari; il rinnovamento aveva per lui, teologo altrettanto valente quanto abile stilista, un valore molto più generale perchè arrivava a toccare le materie più legate alla tradizione quali erano gli studi scritturali. Il significato della rinascita per lui non era lontano da quello di riforma: improntati e l'uno e l'altro ad un severo spirito cattolico, dovevano realizzare una più rigida disciplina che dalla formazione interiore del religioso andava fino ad un nuovo metodo, non meno rigido, di studio del testo sacro. Tale tendenza non deve stupire perchè chi percorre le opere degli scrittori di quel tempo, si accorge che dall'Italia alla Germania passando per Parigi vi è un progressivo mutamento della concezione generale della rinascita che da letteraria si fa sempre più morale e religiosa, fino a perdere quasi ogni suo carattere classico negli estremi rappresentanti; mentre, in modo inverso, si arricchisce sempre più di tutti i caratteri specifici della concezione riformista.

Anche Erasmo, nel primo periodo della sua evoluzione intellettuale, risente vivamente di queste varie tendenze. Qualunque sia stata l'influenza che esercitò su di lui il cenacolo umanistico francese e specialmente Robert Ga-

(38) J. Trithème, *Epistolae*, Haganoae, 1536, p. 175.

guin, pare a me di potere affermare che la coscienza di un rinnovamento quale si trova nei suoi scritti di quel tempo, è quasi completamente letteraria. Ricordando l'epoca della sua infanzia, egli accenna alla rinascita delle lettere ed usa lui pure le metafore comuni. « Nam me puero, scrive l'umanista, *repullulascere* quidem coeperant apud Italos bonae litterae... Rodolphus Agricola primus omnium aurulam quandam melioris literaturae nobis invexit ex Italia » (39). L'opera di iniziatore di Rodolfo Agricola è qui chiaramente indicata; ma interessa soprattutto quel *repullulascere* che suggerisce un'altra immagine, simile a tutte quelle che sono state fin qui indicate perché ancor essa esprime sempre il medesimo concetto di rinnovamento. In un'altra lettera Erasmo ricorda nuovamente l'opera originale degli italiani; col Valla accenna al Filelfo in quanto entrambi ebbero il merito di rivendicare la bellezza della lingua latina (« iam propemodum extinctam admiranda eruditionis praestantia *ab interitu vindicarunt* »), ed aggiunge: « Quo contenderit studio Laurentius, ut et barbarorum refelleret ineptias et iamdiu oblivionis situ obductas oratorum poetarumque observantias *in medium reduceret*, illius te docebunt libri quos *Elegantias* vocant » (40). Il concetto e l'immagine vengono ripetuti in una lettera di quel medesimo anno (1498) in cui Erasmo ricorda come il Valla « literas pene sepultas *ab interitu vindicavit, prisco eloquentiae splendori reddidit Italiam* » (41). Ma in altra occasione l'ignoranza degli insegnanti, l'incuria degli allievi, rendendo severo il nostro umanista sulla triste condizione degli studi, lo obbligavano a pensare come ad un lontano sogno alla possibilità di poter rinnovare un tale stato di cose. « Atque utinam aliquando, scriveva all'amico, tandem *litterae reviviscant*, mi Batte! » (42). Ed invero le opposizioni continue che nei tradizionalisti centri di studio tedeschi ostacolavano il rinnovamento della lingua latina, ben giustificavano tale generosa attesa a cui andava congiunta una non meno sicura

(39) Erasmo, *Opus Epistolarum*, ediz. *P. S. Allen*, Oxford, 1906, vol. I, p. 2.
(40) Erasmo, *Opus Epistolarum*, *op. cit.*, vol. I, p. 108.
(41) Erasmo, *Opus Epistolarum*, *op. cit.*, vol. I, p. 115.
(42) Erasmo, *Opus Epistolarum*, *op. cit.*, vol. I, p. 134.

conoscenza dei fatti. Anche Melantone esprimeva il medesimo voto con queste parole: « O nos felices si recta studia deorum favore *renascantur* quae iam caput exerere in Saxonibus coeperunt » (43) quando nel suo *De corrigendis studiis sermo* dettava le norme della *ratio renascentium studiorum* che voleva divulgare fra gli studiosi della sua patria per eliminare in modo definitivo il metodo medievale. Egli accennava alle *renascentes musas* ed allo *studium litterarum renascentium* per indicare appunto quello spirito nuovo ormai trionfante in altri paesi ed ancora tanto ostacolato in Germania. Egli si proponeva di vincere tutte le difficoltà perchè a quella tendenza rinnovatrice riconosceva la capacità di facilitare alle menti la comprensione delle nuove idee religiose. Ma qualche anno ancora ed anche in Germania ogni resistenza sarà sorpassata e vinta, tanto che non solo Erasmo constaterà il grande passo compiuto (44) ma verrà confermato dai fatti che Leonardo Wiedemann scrivendo a Reuchlin così ricordava: « Virorum omnium et integerrime et doctissime mirum in modum gratulor aetati nostrae qua bonae literae quae diu intermortuae sepultaeque fuere, *reviviscunt et in lucem* prodeunt... » (45).

Reuchlin stesso nella bellissima lettera a Leone X (46) in cui lo spirito rinascenziale è manifestato nel modo più completo, riprende più volte l'immagine comune per indicare il rinnovamento. Firenze, centro della nuova cultura parla al cuore dell'ardente umanista; il ricordo di un viaggio da lui compiuto in quel tempo lo riempie della più grande ammirazione. « Florentia illo aevo nihil erat floridius in qua *renascerentur* optimarum artium quae ante cecidere omnia, nihil remansit intactum de linguis et literis quo non exercerentur nobilissimi Florentini ». Nel ricordo dei fiorentini domina la figura di Lorenzo de' Medici di cui Reuchlin non dimentica l'insegnamento ricevuto, nel modo più profondamente umano, quando esprimendo la sua ammirazione per la ricca biblioteca al-

(43) Melantone, *De corrigendis studiis sermo*, Parigi, 1537, pag. 4.

(44) Erasmo, *De conscribendis epistolis*, Basilea, 1522, p. 81: « Videmus quantum profectum sit paucis annis ».

(45) J. Reuchlin, *Briefwechsel, Gesammelt und Herausgegeben von L. Geiger*, Tubinga, 1875, p. 104.

(46) J. Reuchlin, *op. cit.*, p. 267 sgg.

l'illustre signore, questo « perhumaniter, ut solebat vir suavissimus, respondit maiorem sibi thesaurum in liberis esse quam in libris ». Tutta questa lettera ed una più larga mentalità a proposito dei problemi culturali indicano in Reuchlin un esempio tipico per comprendere lo sviluppo acquistato dalla concezione rinascenziale. Questa non è limitata soltanto al rinnovamento della lingua latina ma bensì viene estesa a tutte le arti e per esse alla profonda vita interiore di ogni artista. Nè altro voleva significare Budé (47) quando, per indicare questo nuovo amore per l'arte e per le lettere, paragonava la letteratura ad una dama che un tempo priva di corteggiatori era lasciata nell'abbandono « ut ignota et squalida »; e che in seguito, riacquistata la sua antica bellezza, « quasi integra *denuo* aetate *florens* », ritornava ad essere ammirata e corteggiata « ac per omnes nationes aemulorum cohortes secum trahere conspicitur tanta contentione ad tutandam eius dignitatem et ornatum vires periclitantium ut et facultates suas et vitam ipsi devovisse matronae deamatae existimari debeant » (48). Sicchè si potrebbe quasi concludere che nello sviluppo della metafora rinascenziale gli umanisti inconsapevolmente descrissero la metamorfosi di un fiore che rinato ad una vita più rigogliosa, nel suo sbocciare si trasformò in una bellissima matrona a cui gli studiosi di tutte le nazioni offrirono la loro intelligenza, la loro attività, la loro passione per lo studio.

Ma nessuno potrebbe chiudere questa prima serie di testi meglio di Rabelais poichè al creatore di Gargantua e di Pantagruel spetta il merito di aver compreso in Francia nel modo più completo il significato del rinnovamento rinascenziale. In modo più profondo di Marot, con intuizione più ampia di Budé, egli sentì tutto il valore del nuovo metodo culturale. Tracciando nel capitolo VIII del *Pantagruel* un piano di studio in perfetta opposizione con quello medievale, egli dimostrò, nella maniera più esauriente, come il rinnovamento si venisse realizzando in Fran-

(47) G. Budé, *De studio litterarum recte instituendo* in *Lucubrationes variae*, Basilea, 1557, fol. 16. D.

(48) Come Budé si servisse delle comuni immagini per indicare il rinnovamento letterario si può vedere anche nel *De Philologia*, *op. cit.*, fol. 87 A: « Cum igitur *litteras vitae restitutas post liminio* aetatis nostrae videamus ».

cia verso il 1532. In quella pagina rimasta giustamente famosa, Rabelais fissa in modo chiaro, nel suo saporoso francese, le immagini che gli umanisti erano venuti divulgando per esprimere il loro entusiasmo per le lettere. Tralasciando per ora altre osservazioni, qui merita soprattutto di essere indicato il fatto che egli traduce esattamente la frase latina della *restitutio bonarum litterarum* con un equivalente francese. « Maintenant, egli dice, toutes disciplines sont *restitués,* les langues *instaurées...* » (49): in tal modo l'umanista non dimentica, anche quando è letterato e romanziere, i suoi principî direttivi e le origini della sua formazione. Principalmente per opera sua il concetto che gli umanisti avevano quasi sempre espresso in latino, trova la sua espressione in lingua francese per mezzo della quale esso viene maggiormente divulgato. Amyot, più avanti nel secolo, dirà che Francesco I « avait heureusement fondé et commencé de faire *renaistre* et *florir* en ce noble royaume les bonnes lettres »; ma cercando in tal modo di tradurre in volgare la nota immagine latina, egli non farà che seguire una tendenza che Rabelais aveva risolutamente avvalorato. E' merito del Plattard (50) quello di aver messo in giusta luce questo testo di Amyot insieme con altri di Tiraqueau, di Marot, di Lemaire de Belges per dimostrare come poco a poco il concetto rinascenziale sia stato espresso dagli umanisti anche in lingua francese. Pare a me che sia necessario ancora osservare il fatto che quei letterati si servirono della medesima immagine per indicare la loro concezione al punto da limitarsi ad usare l'equivalente francese del vocabolo latino (*restitutio* = *restitution*).

(49) Rabelais, *Pantagruel* in *Oeuvres,* ediz. A. Lefranc, tomo III, p. 103.

(50) J. Plattard, *Restitution des bonnes lettres et Renaissance* in *Mélanges Lanson,* Parigi, 1922; p. 128.

II. - *La concezione umanistica del Medio Evo. Differenza tra umanisti italiani e francesi circa la durata del periodo medievale. Polemiche suscitate da questa differenza.*

Complementare a questa coscienza rinascenziale nella mentalità degli umanisti si trova il concetto storiografico di un'epoca di morte dello spirito classico e delle lettere latine. Si è già indicato più sopra come questa posizione intellettuale si trovi nelle opere del Petrarca; sarà facile ora addurre altri testi per dimostrare come in modo del tutto generale essa esistesse pure presso i suoi diretti o indiretti continuatori.

L'opposizione tra la purezza del latino classico e la barbarie della lingua usata comunemente per tanti secoli è uno dei temi più frequenti per indicare la differenza tra l'età di mezzo e la Rinascenza. Il concetto della barbarie medievale che sarà largamente sviluppato dalla storiografia del sec. XIX trae la sua origine appunto da questa precisa idea degli umanisti che basandosi su di un problema linguistico consideravano barbaro chiunque non parlasse un perfetto latino e barbari i secoli in cui tale perfezione non era stata raggiunta. In questo essi non facevano che richiamarsi ancora una volta ai latini i quali avevano derivato dai greci appunto il vocabolo « *barbarus* » per indicare un uomo estraneo alla loro civiltà ed alla loro cultura (51). Gli umanisti accolsero il vocabolo in tutti i vari significati per indicare l'uomo straniero al mondo romano tanto rispetto alla sua posizione geografica quanto rispetto alla sua ignoranza della cultura latina. Tale vocabolo fu da essi usato con il valore peggiorativo che aveva acquistato già nell'età classica ed anzi direi quasi che fu rafforzato sotto questo aspetto. Il Valla ed Erasmo designavano col vocabolo « *barbaro* » chi era rimasto indifferente all'opera civilizzatrice dei classici sia che costui fosse un loro contemporaneo o un medievale.

(51) Per il significato di « *barbarus* » nell'antichità cfr. J. Juthner, *Hellenen und Barbaren*, Leipzig, 1923. Vedi pure P. de Labriolle, *Pour l'histoire du mot « humanité »* in *Les humanités, classes de lettres;* 1931-32, p. 422. Cfr. H. Berr nella prefazione al vol. di F. Lot, *La fin du monde antique et le début du moyen-âge*, Parigi, 1927, p. X, nota 3.

Così, ad esempio, il Valla in una fiera polemica domanda al suo interlocutore: « An ignoras barbarum graeco contrarium esse ut nigrum candido, ut amarum dulci, ut malum bono, ut tu mihi? » (52). Egli fissa una netta separazione tra gli uomini colti e gli indotti proprio come negli *Elegantiarum libri* la medesima separazione viene fissata nel tempo. Ad un'epoca di ignoranza del latino segue un'epoca di amore per la lingua di Cicerone e di Quintiliano e questo passaggio, dovuto a cause non facili a rintracciare, separa tutta un'età di barbarie da un'altra di alta cultura. In quella nessuno era in grado di comprendere i filosofi, gli oratori, i giureconsulti romani; in questa invece le loro opere sono lette, studiate, amate. Nell'età medievale gli uomini tollerarono che la ruggine diminuisse lo splendore della latinità (« fulgorem illum latinitatis situ ac rubigine passi obsolescere »); nella Rinascenza tutti si sforzano di ridonare l'antico valore alle discipline liberali (53). Così Erasmo negli *Antibarbarorum libri* distingue ugualmente, secondo il criterio linguistico, i dotti dai barbari. Barbari sono tutti coloro che in Germania si oppongono allo sviluppo dell'umanesimo. « Constanter perge, scrive all'amico nella prefazione dell'opera, quod coepisti neque conquiescito donec omnem barbariem pro tua virili a Germania nostra profligaris » (54). Ma ugualmente barbari sono tutti coloro che provocarono o accettarono la caduta delle lettere latine, quella caduta (*tam dirum et immane proluvium*) che segnò il periodo (*tam immenso intervallo*) della più completa ignoranza (55). Altrove Erasmo indica ancor più chiaramente questo periodo compreso tra l'antichità classica e la Rinascenza. « Haud aliter, scrive in una lettera, quoque priscis saeculis cum omnium artium, tum praecipue eloquentiae studia apprime floruisse constat; atque inde rursus *barbarorum increscente pertinacia* ita evanuisse ut ne vestigium reli-

(52) L. Valla, *In Bartolomeum Facium liber II* in *Lucubrationes aliquot ad linguae latinae restaurationem spectantes,* Lione, 1532, p. 584.

(53) L. Valla, *Elegantiarum latinae linguae libri,* praefatio ad lib. I, in *op. cit.*

(54) Erasmo, *Antibarbarorum libri,* in *Opera,* Basilea, 1540, tomo IX, fol. 1389.

(55) Erasmo, *Antibarbarorum libri* in *op. cit.,* fol. 1391.

quum videre fuerit » (56). Vicino a questi testi si mettano le espressioni di giusto orgoglio con cui gli umanisti constatano la rinata potenza delle lettere e si avrà uno schema storiografico completo formato dall'antichità e dalla Rinascita unite tra di loro da un lungo periodo di oscura ignoranza. Questo schema appare chiaro soprattutto nei primi storiografi della nuova cultura come in Vespasiano da Bisticci e Matteo Palmieri i quali lodano appunto gli scrittori di cui tracciano la vita per la loro attività nel rimettere in onore quella lingua latina che per tanto tempo era stata dimenticata. E così Vespasiano dice di Poggio Bracciolini che unitamente al Bruni ed al Traversari fu dei primi che illustrò « la lingua latina che per tutti i secoli era stata oscurata » (57); mentre il Palmieri dà lode al Bruni per aver illustrato quelle arti liberali « che per più di ottocento anni sono in modo state dimenticate nel mondo che mai s'è trovato chi ne abbia cognizione vera nè saputo usarne un loro minimo ornamento » (58). Cotesta ignoranza era proprio quella disprezzata da Gaguin quando constatava: « Jacuit siquidem multos annos maiestas litterarum et *barbarie* quadam balbutientes linguas asperavit inscitia » (59). Poichè voleva porre definitivamente un termine a questo periodo di barbarie, l'umanista applaudiva all'opera di Erasmo che con energia combatteva ogni tendenza anti-umanistica ed indicava le conseguenze che tanta negligenza aveva prodotto nei secoli (60). Ugualmente Tardif nella prefazione al suo *Compendium* opponeva l'uomo *eloquens* al *barbarus* dicendo che il primo era amato e venerato da tutti mentre il secondo era completamente disprezzato (61). Nel medesimo tempo egli non nascondeva il suo sdegno per i maestri che

(56) Erasmo, *Opus Epistolarum*, *op. cit.*, vol. I, p. 108.

(57) Vespasiano da Bisticci, *Vite di uomini illustri*, ediz. Frati, Bologna 1892, vol. II, p. 208.

(58) M. Palmieri, *Libro della vita civile*. Proemio. Testo citato da G. Toffanin, *Storia dell'umanesimo*. Napoli, Perrella, 1933, p. 188.

(59) R. Gaguin, *Epistolae et Orationes*, ediz. Thuasne, Parigi 1903, vol. I, pp. 353-54.

(60) R. Gaguin, *op. cit.*, vol. II, p. 9 sgg.

(61) G. Tardif, *op. cit.*, praefatio: « Itaque eloquentes ab omnibus adamantur...; barbari vero insolescunt, adsolescunt, spernunturque ».

insegnavano il latino, uomini ricchi soltanto di presunzione, a proposito dei quali egli scriveva: « Si grammaticum se professus quisquiam barbare loquatur, hoc turpior sit quod in eo ipse peccat cuius profitetur scientiam ». Quanto tempo fosse durata questa triste condizione degli studi non sfugge a Trithème, il quale allarga il giudizio negativo sugli studi letterari durante il Medio Evo agli studi filosofici e questi critica non meno aspramente di quelli. Riconoscendo a Lefèvre d'Etaples la parte di innovatore nel campo della filosofia, egli scrive: « Hac nostra tempestate divino quodam munere (62) in rei literariae remedium datum, omnes philosophiae partes a *caliginosa quorundam sophistarum barbarie vindicavit* » (63). La tenebrosa barbarie che finalmente era stata allontanata, ricordava pure Rodolfo Agricola scrivendo a Reuchlin nel 1483, quando lo elogiava per aver lungamente lavorato per la buona causa: « ...et ab hac barbarie qua tot iam saeculis velut stupido sopore vel potius ληθάργῳ τινί oppressa tenetur excitari... » (64). Nè diversamente si esprimeva Murmellius nell'elogio da lui composto per la scuola di Deventer. Egli lodava quei monaci perchè amanti della semplicità preferivano la vita del convento pur senza trascurare gli studi ed aggiungeva: « Quia sunt docti, doctos venerantur amantque, *barbariem ex totis viribus eiciunt* » (65). Come già il Petrarca e dopo di lui il Valla ed il Poliziano, anche Budé si sofferma pensieroso di fronte al lungo periodo medievale. Rimane per tutti gli umanisti un problema che attira spesso la loro meditazione la ricerca delle cause che fecero decadere tanto in basso la potenza letteraria dei latini. Tuttavia la loro incertez-

(62) Spesso nei testi dei nostri umanisti si trova questa allusione all'intervento divino per fare cessare la barbarie medievale. Si deve dire che volentieri essi spiegavano in tal modo l'evoluzione della storia poiché per questa parte essi dipendevano ancora dalla concezione storiografica medievale. In modo uguale spiegavano la invenzione della tipografia. Cfr. Rabelais, *Oeuvres, op. cit.*, vol. III, p. 44.

(63) J. Trithème, *Liber de scriptoribus ecclesiasticis,* in *Opera storica,* ediz. Freher, Francoforte, 1601, in-folio, fol. 403.

(64) Reuchlin, *op. cit.*, p. 7.

(65) Murmellius, *Epigrammata paraenetica Daventriae composita*, Münster, 1517. Testo citato da A. Roesch, *L'humanisme belge,* Bruxelles, 1910, p. 6.

za sulle cause non li rendeva meno recisi nel condannare gli effetti. Così anche Budé pensava che solo la sapienza divina aveva potuto salvare le opere classiche dall'abbandono in cui erano rimaste e fare in modo che una buona parte sopportasse tale calamità (« ut opinor partem e diluvio annorum plus mille emersam »). Pensando al periodo medievale l'umanista non nascondeva la sua tristezza e scriveva: « Diluvium enim quoddam vitae calamitosum, literas ipsas germanas et suo demum nomine dignas sic hauserat et absorpserat tantaque vi alluvionis barbaricae obrutas tenebat et sepultas ut mirum sit eas inde existere potuisse... » (66). Concetto che il Machiavelli così esprime nella sua prosa robusta: « E chi legge i modi tenuti da San Gregorio e dagli altri capi della religione cristiana, vedrà con quanta ostinazione essi perseguitarono tutte le memorie antiche, ardendo l'opere dei poeti e degli istorici, ruinando le immagini e guastando ogni altra cosa che rendesse alcun segno della antichità » (67). Quando già la Rinascita sarà nel suo pieno sviluppo, Francesco Florido, ripensando ancora al periodo trascorso, ricorderà come i secoli passati fossero coperti da una oscura barbarie alla quale il Valla aveva posto fine (*grassantem exstinxit barbariem*) rimettendo in onore la pura lingua latina (68). Egli si gioverà di questo fatto per sostenere che il volgare era opera dei barbari e quindi degno di essere trascurato e non preferito al latino come dimostravano di fare i suoi contemporanei. Come già aveva detto il Valla, egli considererà la decadenza del latino come l'ultima sventura toccata all'impero romano; sventura più grave delle altre perchè era durata molti secoli (« multis non annis sed saeculis ») ed alla quale soltanto l'opera energica di alcuni uomini di buona volontà aveva posto un termine (69).

Adunque si può dire, dopo l'esame di questi testi, che tutti gli umanisti italiani e stranieri erano perfettamente

(66) G. Budé, *De studio litterarum recte instituendo, op. cit.*, fol. 3 A. Cfr. pure fol. 10 C; fol. 11 A.

(67) N. Machiavelli, *Discorsi sopra la prima deca di Tito Livio*, II, v, ediz. Barbera, p. 110.

(68) F. Florido, *Apologia in linguae latinae calumniatores*, Basilea, 1540, fol. 109.

(69) F. Florido, *op. cit.*, fol. 7.

d'accordo nel giudicare nel modo più negativo l'età di mezzo. Ma l'accordo cessa quando si cerchi di trovare un concetto comune che fissi in modo preciso in qual secolo gli umanisti pensassero aver principio la barbarie medievale. Su questo problema vi è una divisione netta tra gli umanisti italiani da una parte ed i quattrocentisti francesi dall'altra. E' noto che il Petrarca considerava Boezio come l'ultimo degli autori latini ed il primo dei medievali (69bis). Al suo seguito Coluccio Salutati arrivava, sebbene con minor precisione, verso quel medesimo periodo dopo il quale riconosceva la sempre maggior decadenza della lingua latina (70). Il Valla invece nel modo più chiaro parla di Boezio come di un termine tra il mondo latino e la barbarie. Nella prefazione alle *Dialecticae disputationes* egli prende a testimonio di una sua affermazione Boezio ed aggiunge: « Quotus enim quisque post Boetium fuit qui latinus dici mereatur et non barbarus? » e continua dicendo che tanto Avicenna che Averroè sono da ritenersi dei barbari perchè non conoscono nè il latino nè il greco (71). Ugualmente Leonardo Bruni nel *De studiis et litteris*, parlando degli autori classici, arriva fino a Boezio dopo il quale, secondo lui, non vi è più alcun scrittore degno di interesse (72). Si potrebbe quindi dire che, pur ammettendo possibili variazioni (73), l'età medievale, considerata come il periodo di decadenza del latino e quindi della cultura classica dura, per gli umanisti italiani, da Boezio al Petrarca (74).

Non così si può dire per gli umanisti francesi del sec. XV. Se in piena Rinascita, Budé, seguendo completamente lo schema italiano, accennerà ad un intervallo di mille an-

(69 bis) Trascura questa valutazione così importante per la posizione storica di Boezio, H. R. Patch, *The tradition of Boethius, A study of his importance in Medieval Culture*, New York, Oxford University Press, 1935.

(70) C. Salutati, *Epistolario, op. cit.*, vol. III, p. 76 sgg.

(71) L. Valla, *Dialect. disput.* in *Opera*, Basilea, 1543, p. 644.

(72) L. Bruni, *De studiis et litteris liber* in *Leonardo Bruni Aretino Humanistisch-Philosophische Schriften*, ediz. H. Baron, Lipsia, 1928, p. 14.

(73) Il Salutati ricorda, ad esempio, prima del Petrarca, Albertino Mussato.

(74) G. Toffanin, *Storia dell'umanesimo, op. cit.* p. 159: Da Severino Boezio a Leonardo Bruni.

ni, non così fanno nè Nicolas de Clamanges nè Gaguin. Infatti è noto come specialmente in Francia la lotta vivamente impegnata tra gli esponenti del vecchio metodo medievale e gli innovatori si fosse concentrata sull'uso o sul disprezzo di manuali come il *Doctrinale* (1199) e il *Graecismus* (1212) (75). Gli umanisti stranieri affermavano insieme col Valla e con Erasmo che gran parte della decadenza della lingua latina derivava appunto da quelle opere scolastiche. Così Gaguin in un testo, a mio giudizio significativo, indicava in modo preciso il periodo di decadenza nei trecento anni che quasi erano trascorsi da quando erano venuti in uso quei manuali. « Est unus omnium stilus, eadem scribendi forma, quam ii qui questionarii appellantur *paulo magis supra ducentos quinquaginta annos* magno litterarum detrimento invexerunt » (76). Forse influenzato dall'opinione dei francesi, Reuchlin indica lui pure una medesima durata di tempo quando scrive: « Atque id primum studio, magis ut grammatici quam elegantes haberemur, quid enim requireres amplius ab hominibus qui *annos iam supra tercentos* aliud nihil moliebantur quam ut barbari essent, unde cum loquendi vitio, amor etiam et voluptas balbutiendi insederat... » (77). Tale divisione storica non è arbitraria poichè essa ha il merito di unire l'umanesimo francese del sec. XV al movimento letterario del sec. XII che per la sua indiscutibile vitalità e per i risultati ottenuti con le idee e con le opere è stato definito una « *Rinascita* » (78). Per altro cotesta divisione è

(75) F. Simone, *Robert Gaguin ed il suo cenacolo umanistico in Aevum,* Anno XIII, fasc. 3, luglio 1939, p. 416 sgg.

(76) R. Gaguin, *op. cit.*, vol. I, p. 338.

(77) Reuchlin, *op. cit.*, p. 283.

(78) Con questa tendenza la critica moderna, Mâle, Haskins, Cohen (*La grande clarté du Moyen-âge,* Parigi, Gallimard, 1945. p. 74 sgg.) non fa che riprendere e sviluppare, non so con quanta consapevolezza, un'idea del Michelet. Cfr. *Histoire de France,* vol. VII, *La Renaissance* (ediz. 1855, p. CXXXV): « Cette ère (la Rinascenza) eût été certainement le douzième siècle si les choses eussent suivi leur cours naturel ». Più chiaro anche l'Ampère già ricordato. Questa concezione venne ripresa fin dal 1899 da P. Mandonnet (*Siger de Brabant et l'Averroisme latin au XIII siècle,* pp. XVII-XX) e quindi messa in luce dagli studiosi moderni indicati. Cfr. L. J. Paetow, *A guide to the study of medieval history,* n. ediz., New York, 1931, p. 376.

giustificata dalla mentalità degli umanisti stranieri in genere ed in specie dei francesi. Questi in fondo erano dei teologi che reagivano non a tutta la tendenza scolastica ma a quella parte di essa che si era abbandonata all'esagerato logicizzare, volutamente ignorando ogni valore letterario. In reazione a questa tendenza gli umanisti si richiamavano ad un periodo in cui i teologi ed i filosofi come S. Bernardo e Abelardo avevano tenuto in gran conto le lettere classiche di cui si erano largamente giovati (79). Come si vede questa mentalità era ben differente da quella italiana e tale disaccordo sulla durata dell'età di mezzo ne è, a parer mio, una logica conseguenza (80).

Se si tiene presente la differenza di mentalità ed il conseguente disaccordo si potranno più facilmente comprendere le polemiche letterarie che sorsero tra gli italiani ed i francesi tutte le volte che le due concezioni, pur tanto unite per differenze e rapporti culturali, vennero a confronto. Interessante principalmente è la polemica che il Petrarca sostenne contro i letterati francesi a proposito del ritorno del Papa Urbano V da Avignone a Roma. Non vi è alcun dubbio che l'attività svolta dal poeta italiano da una parte e dai letterati della corte francese dall'altra aveva un carattere politico che mirava a tutelare interessi ben definiti. Di carattere politico erano le pressioni esercitate sul Papa per il ritorno a Roma; di carattere politico erano le intenzioni degli ambasciatori francesi per trattenerlo ad Avignone. Come già disse il de Nolhac (81), questo non era che uno dei momenti principali della polemica internazionale nella quale la residenza pontificale era contesa con alterna fortuna dall'Italia e dalla Francia. Ma se, lasciando da parte il carattere fondamentale, si vuole prestare attenzione agli elementi letterari che copiosi si mescolano alle argomentazioni politiche, si potrà constatare appunto la differenza della concezione sul Medio Evo tra gli umanisti italiani e francesi

(79) Per il sec. XII cfr. E. Gilson, *La théologie mystique de Saint Bernard*, Parigi, Vrin, 1934, p. 19 sgg. Idem, *Héloise et Abélard*, Parigi, Vrin, 1938.

(80) Si osservi come il disaccordo nella critica moderna per la medesima questione rifletta appunto quella iniziale differenza di idee.

(81) P. de Nolhac, *op. cit.*, vol. II, p. 303.

e si spiegherà il motivo di alcune espressioni che nella loro crudezza sono apparse dettate semplicemente dalla passione di parte.

Quando nel 1362 ad Innocenzo VI successe Urbano V, tutti gli animi generosi che da tempo speravano il ritorno del Papa alla sua sede romana, pensarono essere finalmente giunto il momento in cui si sarebbe realizzato il loro sogno. Ma poichè col passare degli anni, nulla confermava da parte di Urbano V i buoni propositi attribuitigli, il Petrarca decise di scrivere nel 1366 da Venezia una prima lettera al Papa per esortarlo a lasciare definitivamente Avignone (82). Di questa lettera di grande importanza per la conoscenza del pensiero politico petrarchesco interessa qui fissare un'idea principale alla quale l'autore ritornerà spesso nel corso della polemica appunto perchè trovò nei francesi la più rigida opposizione. « Tu quidem, scrive il Petrarca, orthodoxae fidei magister, actuumque opifex piorum, sedes tua ubi vis, sed antiqua ut dixi et vera et propria et publice utilis et universo expediens, Roma est » (83). L'umanista pensava che il rappresentante di Cristo aveva scelto a sua sede Roma perchè aveva voluto che la grandezza dell'antico impero romano non perisse ma fosse ereditata dalla nuova potenza spirituale per essere tramandata nei secoli. Nella lettera il Petrarca non specificava le ragioni del grande prestigio romano ma era implicito nel suo pensiero, come negli altri scritti sarà chiaramente espresso, che non piccola importanza egli attribuiva alla grande influenza di Roma nel campo della cultura.

Ora tale concetto era vivamente contestato dagli umanisti francesi perchè essi credevano a quella *translatio studii* che, come è stato dimostrato dal Gilson (84), era diventato un tema della letteratura medievale. Si consi-

(82) Petrarca, *Epistolae rerum senilium,* in *Opera, op. cit.*, tomo II, fol. 811 sgg.

(83) Petrarca, *op. cit.,* tomo I, fol. 819.

(84) E. Gilson, *Humanisme médiéval et Renaissance,* in *Les idées et les lettres,* Parigi, Vrin, 1932, p. 183 sgg. Mi riprometto in un prossimo lavoro di dimostrare come questo tema sia stato trasmesso dalla cultura medievale al Rinascimento. Poliziano, Ronsard, Pierre de la Ramée ed altri svilupparono con non minore intelligenza di quanto abbiano fatto i medievali, l'idea del passaggio della cultura da Atene a Roma e a Parigi.

deri che Chrétien de Troyes, il quale è colui che meglio esprime questo concetto, chiaramente afferma che il centro della cultura un tempo era la Grecia ma che in seguito era passato a Roma per trasportarsi definitivamente in Francia (85). Questo concetto riprendeva precisamente l'oratore che a nome dell'ambasceria del re Carlo V sosteneva le idee del partito francese per trattenere il Papa ad Avignone. Si è creduto per molto tempo che codesto oratore fosse l'umanista Nicolas Oresme che fece parte di quel gruppo di letterati che alla corte francese al tempo del re Giovanni e poi del figlio Carlo V ebbero il compito di tradurre in volgare le opere dei principali autori latini. Ora questo gruppo di letterati non ignorò le opere e l'attività del Petrarca perchè ad esso apparteneva tanto Pierre Bersuire che era in amicizia con l'umanista italiano e suo corrispondente, quanto Jean Daudin che tradusse il *De remediis utriusque fortunae* (86). Tuttavia le attente indagini del Meunier (87) a cui nuove prove definitive aggiunse il Delachenal (88), hanno precisato che l'oratore dell'ambasceria fu Ancel Choquart, uno dei più famosi giuristi della università parigina. Proprio questo rappresentante dello studio nel quale secondo una tradizione secolare era deposto il tesoro culturale di Atene e di Roma, distrugge una delle principali glorie dell'umanesimo italiano quando nega nel modo più assoluto il prestigio culturale di Roma. Infatti nel suo discorso, dopo aver esposto con il ben caratteristico metodo della rettorica medievale, le ragioni vantate dal partito favorevole al ritorno in Italia, a sua volta l'oratore francese enumera i motivi che devono trattenere il Papa ad Avignone. Tra questi uno dei principali è appunto quello che riguarda il

(85) Chrétien de Troyes, *Cligès*, V, 27-28. Cfr. E. Gilson, *La philosophie au Moyen-âge*, 2ª ediz. Parigi, Payot, 1944, p. 194. G. Cohen, *Chrétien de Troyes et son oeuvre*, Parigi, Boivin, 1931.

(86) L. Pannier, *Le bénédictin Pierre Bersuire premier traducteur de Tite Live*, Nogent-Le-Rotrou, 1872, p. 26. Si è creduto per molto tempo che Nicolas Oresme fosse l'autore della traduzione del *De remediis utriusque fortunae*. Ma come ha fatto notare il Meunier (opera indicata nella nota seg., pp. 132-33) il ms. conservato alla Bibl. Nazionale di Parigi indica quale autore Jean Daudin.

(87) F. Meunier, *Essai sur la vie et les ouvrages de Nicolas Oresme*, Parigi, 1857, p. 128 sgg.

(88) Delachenal, *Histoire de Charles* V, Parigi, 1916, tomo III, p. 516.

prestigio dell'università parigina. Egli dice testualmente: « Siquidem floret locus iste pluribus studiis et ecclesiasticis et aliis scientiis et disciplinis; per quae prae caeteris aliis regnis orbis fides nostra et vera iustitia informantur, prout cuicumque patet *quod studium translatum fuit a Roma Parisius per B. Carolum Magnum et haec gloria Romanorum Parisius in Gallos est translasta* quod etiam diutius ante fidem susceptam erat praefiguratum... » (89). Appare chiaro che l'ambasciatore non faceva che riprendere una antica tradizione della quale si giovava per i suoi scopi politici. Tuttavia è interessante vedere come per quegli studiosi il concetto dell'eredità dello spirito classico non fosse affatto unito a quello della potenza di Roma, ma rappresentasse semplicemente uno sviluppo logico ed un passaggio della civiltà al popolo creduto più degno.

Quando Urbano V finalmente entrò in Roma, il Petrarca gli scrisse nuovamente una lettera in cui congratulandosi con lui per aver compiuto il gran passo, prendeva a partito l'oratore francese e rispondeva con energia alle sue argomentazioni. L'umanista italiano si diceva disposto ad un « letterario certame » con il suo contraddittore per dimostrare di quanto l'Italia superi la Francia. Più precisamente, rispondendo a proposito della vantata gloria culturale di Parigi, egli affermava che il paragone non era neppure possibile tanta era la differenza. « Nam de ingeniis disceptare ridiculum, libri extant veri testes; quid quaeso de liberalibus artibus, quid de rerum cognitione seu naturalium seu gestarum? » (90). Dopo aver detto quanto gli altri popoli debbano all'Italia, madre delle arti e delle scienze, egli aggiunge: « Oratores et poetae extra Italiam non quaerantur, de latinis loquor, vel hinc orti omnes vel hic docti ». Di fronte a così gloriosa tradizione, il Petrarca non dimostra che disprezzo per l'uni-

(89) Du Boulay, *Historia Universitatis Parisiensis*, Parigi. 1665-1673, tomo IV, foglio 408.

(90) Petrarca, *Epistolae rerum senilium*, liber IX, 1. Cfr. V. Rossi, *Nell'intimità spirituale del Petrarca*, in *Nuova Antologia*, 1° luglio 1932; C. Calcaterra, *Per l'interpretazione di una lettera di C. Salutati al Petrarca* e *Pro sua Gallia contra Italiam*, in *Aevum*, 1932, pp. 436-444; 687-690. R. Delachenal, *Histoire de Charles V*, tomo III, Parigi, 1916, p. 517 sgg. Cfr. V. Rossi, *Giornale storico della lett. italiana*, 1920, p. 347, recens. all'ediz. di E. Cocchia dell'*Apologia* del Petrarca.

versità parigina, centro di ignoranza più che di cultura. Tale argomentazione non era, a mio giudizio, dettata da un partito preso ma riposava su di una generale concezione umanistica a cui appunto il Petrarca accenna a più riprese nelle sue opere dove il disprezzo per l'insegnamento scolastico è pari all'amore per la cultura latina. L'eredità romana era stata raccolta dagli italiani i quali avevano tentato di rimettere in onore l'antica potenza e se i tentativi fatti, come quello di Cola di Rienzo, erano falliti, la colpa era delle nazioni che vi si erano opposte. Ma rimaneva la certezza che la cultura romana per opera di pochi ingegni riprendeva a rinascere e questo non altrove ma nell'unica terra che ne avesse il diritto cioè in Italia. Il diritto era quello acquistato dagli ingegni e dalle opere onde il Petrarca affermava: « Radix artium nostrarum et omnis scientiae fundamentum latinae, hic repertae sunt literae et latinus sermo et latinitatis nomen quo ipsi Gallici gloriantur » (91). Infine come potevano i francesi credersi eredi dei romani se essi erano discendenti di quei Galli che Roma invasero e distrussero? Con tale domanda il Petrarca indica per la prima volta nella polemica, quale precisa differenza egli facesse tra i latini ed i barbari. In questo caso, riferendosi all'antica tradizione classica, egli accoglie il concetto di barbarie nel suo preciso significato geografico. Quella barbarie medievale che egli aveva tanto disprezzato viene da lui indicata ancora esistente oltre i monti proprio in un popolo che si dice latino. Ma non latino esso è, bensì barbaro al punto che la partenza del Papa da Avignone ricorda quella degli Ebrei dall'Egitto. Per tale ragione l'umanista intitola la sua lettera precisamente: « In exitu Israël de Aegypto domus Iacob de *populo barbaro* ».

Appare evidente che la concezione umanistica guidava in questa polemica il Petrarca e gli forniva le argomentazioni per la sua tesi politica; ma ugualmente si deve dire dei francesi i quali traevano le loro ragioni dalla medesima concezione, derivandone conseguenze del tutto opposte. Nè poteva avvenire altrimenti poichè l'universale concetto umanistico era limitato da entrambe le parti alla propria idea nazionale.

(91) Petrarca, *Epistolae rerum senilium*, in *Opera*, *op. cit.*, tomo II, fol. 847.

La fiera condanna non poteva passare sotto silenzio. Riprendendo con maggior vigore la tesi francese, a nome di tutti, rispose Jean Hesdin (92). Riferendosi al Petrarca egli recisamente afferma: « Gallicos barbaros nominando, ipse proculdubio deliravit » (93); poichè come si può dire barbaro un popolo nel quale non esiste più alcuna traccia di costumi incivili? Come dimenticare la correttezza dei francesi, la loro temperanza nel vitto, la loro amabilità? Il Petrarca aveva principalmente offeso la cultura francese quando aveva affermato che non vi è alcun dotto in quella nazione. « Nullus doctus in Gallia? » si domanda Jean Hesdin (94). « Certe, risponde egli stesso, in Gallia sunt et multi et plures praefuerunt, salva reverentia, valde docti ». E l'autore francese fa seguire una enumerazione di autori come Ilario di Poitiers, Ugo e Riccardo di San Vittore, Pietro Comestor ed altri. In tale enumerazione egli svela la sua precisa concezione culturale perchè erano proprio quelli, gli autori che l'umanista italiano teneva in poca stima e contro i quali si riprometteva di reagire. Essi erano per lo più teologi e filosofi cioè i rappresentanti di una mentalità che il Petrarca disprezzava e che considerava barbara. Quando Hesdin vuole rispondere all'affermazione petrarchesca secondo la quale « oratores et poetae extra Italiam non quaerantur » (95), egli ricorda Stazio e Claudiano ma offre ancora qui una facile vittoria al suo contraddittore che gli ricorderà la povertà dell'enumerazione. Infatti nella sua *Apologia* (96) il Petrarca oppone la « *latinitas* » alla barbarie francese. Egli osserva quanto si siano offesi i francesi e per essi il loro difensore per il fatto che nella lettera al Papa erano stati considerati dei barbari (« grave sibi ac molestum barbari nomen ») ed aggiunge che tale denominazione non è affatto un suo arbitrio poichè tutti gli storici dicono barbari i

(92) *Galli cuiusdam anonymi in Franciscum Petrarcham Invectiva*, in *Opera* di Fr. Petrarca, tomo II, fol. 1060 sgg.

(93) J. Hesdin, *Invectiva, op. cit.*, fol. 1061.

(94) J. Hesdin, *Invectiva, op. cit.*, fol. 1065.

(95) J. Hesdin, *Invectiva, op. cit.*, fol. 1066.

(96) *Contra cuiusdam anonymi Galli calumnias Apologia*, in *Opera, op. cit.*, tomo II, fol. 1068 sgg. Cfr. Coluccio Salutati, *Epistolario*, ediz. Novati, vol. I, p. 72 sgg. E. Gilson, *La philosophie au Moyen-âge, op. cit.*, p. 726-728.

francesi (« quorum quis est omnium qui non barbaros Gallos vocet? »). Tuttavia l'umanista si sente in dovere di rettificare in parte il suo severo giudizio e scrive: « Caeterum opinentur ut libet, barbari tamen sunt neque de hoc inter doctos dubitatio unquam fuit quamvis ne id quidem negem nec negari posse arbitror, esse Gallos barbarorum omnium mitiores » (97). I meno barbari dei popoli non latini, tali sono giudicati i francesi che per gli antichi loro rapporti con Roma, per la facilità con cui assorbirono la civiltà latina possono essere considerati i meno lontani come cultura e come costumi dalla civiltà romana. Tuttavia essi non sono dei latini e le differenze sono così evidenti che a tutti sono note. Si paragoni, dice sempre il Petrarca, la gravità romana alla « *levitas* » dei francesi (98); si pensi alla grandezza della letteratura latina in confronto della fama dell'università parigina; infine come immaginare di contrapporre a Roma (« illam mundi facem ») Avignone, città turpe e barbara? Se poi l'oppositore francese vuole veramente insistere sul problema culturale, allora il Petrarca a sua volta si trova costretto a dimostrare che gli autori citati non sono veramente grandi. Ilario di Poitiers non è uno dei nomi più famosi ed Ugo di San Vittore non è un francese. A meno che, aggiunge con malizia l'umanista, Jean Hesdin pensi che tutti i barbari sono suoi connazionali. Tuttavia si deve riconoscere che i francesi hanno una certa cultura (« modice literati sunt ») ma questa ottengono con grandi sforzi perchè per natura sono ribelli ad ogni disciplina.

Dopo quanto si è venuto qui indicando, pare a me di poter constatare che la discussione fra il Petrarca ed i suoi oppositori francesi si sarebbe potuta continuare a sazietà nel campo letterario perchè si mettevano a confronto due mentalità differenti che giudicavano diversamente i valori letterari. Per il Petrarca dopo la fine dell'impero romano nessun vero letterato era comparso; per i francesi ancora il sec. XII era un periodo di alta letteratura.

Ma se tale concezione è normale nei letterati francesi del Trecento, secolo tutto scolastico, stupisce invece quando la si trova chiaramente professata dagli umanisti del

(97) Petrarca, *Apologia,* in *Opera, op. cit.,* fol. 1069.
(98) Petrarca, *Apologia,* in *Opera op. cit.,* fol. 1079.

primo cenacolo e dal loro stesso capo, Nicolas de Clamanges. Quest'ultimo che al Petrarca tanto doveva della sua formazione classica, non ignorava l'*Apologia* dell'italiano e si rammaricava dei severi giudizi ivi espressi contro la sua patria in generale e principalmente contro la letteratura. Nè gli mancò l'occasione per esprimere la sua disapprovazione pubblicamente. In risposta ad una lettera del cardinale di Pietramala che esprimeva la sua meraviglia perchè qualcuno in Francia si interessava alle lettere (99), l'umanista constatava quanto si fosse divulgata l'opinione del Petrarca (100). A sua volta tenta egli pure una confutazione degli argomenti del poeta italiano e ripete, forse involontariamente, il concetto di Hesdin. Dopo di aver detto che nell'antica Roma gli scrittori venivano da tutte le parti del mondo, egli passa ad enumerare i grandi scrittori francesi medievali: « Ex recentioribus autem primo Bernhardus occurrit, deinde Hildebertus Cenomanensis, Ivo Carnotensis, Odilo, Hugo et Petrus, venerabiles abbates cluniacenses. Hugo denique et Richardus canonici Sancti Augustini regulae sectatores. Possem Alanum et alios plerosque si universa mihi studium esset colligere. Sed his satis arbitror demonstratum non solum prioribus saeculis Italiam oratoribus et poetis fuisse illustratam, verum extra illam si quis bene quaesisset, largiter atque abundantissime invenire potuisse » (101). Ancora in questo caso si può vedere la differente mentalità: questi autori che il Petrarca e gli umanisti italiani non solo non giudicavano nè oratori nè poeti ma neppure letterati, questi

(99) Martène et Durand, *Amplissima Collectio, op. cit.*, tomo I, p. 1545.

(100) Nicolas de Clamanges, *Epistola V* in *Opera omnia, op. cit.*, p. 24 sgg.

(101) Nella epistola indicata l'autore aggiunge: « Diebus autem Bernhardi nostri coepit in Galliis simul cum fervore religionis *stylus coli et resurgere*, multique (quos et partim iam memoravi et partim subticui), illa aetate eloquentiae hic studuerunt, plurimaque valde utilia et memorabilia scripserunt ». Testo interessante non tanto perchè accenna alla rinascita del sec. XII, quanto perchè, ancora più chiaramente di Gaguin e di Reuchlin, l'autore dimostra di volere riprendere con la sua attività appunto quel movimento. E' questo uno dei testi più importanti per stabilire la sicura continuità dell'umanesimo cristiano nella cultura francese dai secoli medievali a quelli del Rinascimento.

stessi erano ammirati dai francesi che ad essi si richiamavano e sul loro esempio intendevano regolare la loro attività umanistica. Studiosi dei classici come un Nicolas de Clamanges che il Sabbadini giudicò degno di essere paragonato ai migliori umanisti italiani (102); rinnovatori come Fichet e Gaguin che all'influenza transalpina si aprirono con tutta la forza della loro intelligenza: tutti, fino alla completa rinascenza, pensarono di richiamarsi alla grande tradizione del sec. XII (103). In loro si sviluppava sempre più la tendenza letteraria grazie all'ardore con cui nuovamente riprendevano la lettura dei classici mentre il bello stile diventava una mèta da perseguire e raggiungere; ma contemporaneamente la tendenza teologica li tratteneva da ogni completo abbandono alla pura letteratura e permetteva soltanto che questa fosse messa al servizio di quella. Nè altro avevano voluto gli umanisti del sec. XII.

Più raffinati in letteratura, meno legati alla teologia, gli italiani si richiamavano direttamente ai classici; il grande intervallo che gli umanisti francesi consideravano di trecento anni, per essi era di mille (104). Si può quindi dire che tutta la storia della influenza italiana sui letterati transalpini da Fichet a Budé si riassume nel fatto che questo ultimo sposterà i termini medievali del primo e parlerà lui pure di un'oscura notte durata dieci secoli.

(102) R. Sabbadini, *Le scoperte dei codici latini e greci nei secoli XIV e XV. Nuove ricerche*, Firenze, 1914, p. 87.

(103) Non ad essi quindi si riferisce quanto osserva G. Toffanin (*Il secolo senza Roma*, Bologna, Zanichelli, 1942, p. 52): « Un po' per gelosia d'ogni altro intermediario tra se stessi e i Padri, un po' per non interrompere il tenebroso orrore nella galleria del millennio oscuro, gli umanisti, come s'è detto, non si pronunciarono mai chiaramente su questi loro predecessori del secolo XII né su quelli di Carlo Magno del resto: non già però che non li conoscessero: basti quello scorcio del *De vita solitaria* ove il Petrarca addita in Abelardo il suo più legittimo anticipatore nella missione religiosa di divulgare la sapienza tra i laici ».

(104) R. Montano, *Dante e il Rinascimento, op. cit.* p. 74: « Tuttavia non da esso (il Duecento) muoverà il vero classico Rinascimento ma dalla ripresa anzi di quel cammino che esso aveva interrotto, opponendosi dunque, per molti aspetti, a questo rinascimento ducentesco. E da tale opposizione al secolo che lo precedeva l'umanesimo trarrà la sensazione di opporsi a tutti i dieci secoli di mezzo ».

La barbarie allora si estenderà sempre più con il raffinarsi del gusto e della cultura e barbari saranno giudicati persino gli uomini del secondo cenacolo come Gaguin e Guy de Jouvenneaux; tanto progresso in poco tempo faranno gli studi classici (104bis). Ma come spiegare questo rapido mutamento di giudizio? Con perfetta intuizione, Barrès indicava, a proposito di altri problemi culturali, il vero motivo che spiega tutte queste posizioni sentimentali più che critiche, quando scriveva: « Si Philippe se plaint de vivre sous l'oeil des barbares ce n'est pas qu'il se sente opprimé par des hommes sans culture ou par des négociants; *son chagrin c'est de vivre parmi des êtres qui de la vie possèdent un rêve opposé à celui qu'il s'en compose* » (105).

III. - *L'opposizione tra Medio Evo e Rinascimento espressa con la metafora* luce-tenebre. *Origine religiosa di questa metafora e sua secolarizzazione per opera degli umanisti.*

Giunto a questo punto della mia trattazione, pare a me di poter chiaramente fissare che gli umanisti possedettero una coscienza storiografica che era per se stessa duplice. L'idea di rinnovamento recava con sè in modo complementare l'idea di un periodo di assoluta ignoranza della cultura classica sulla cui durata gli umanisti non erano perfettamente d'accordo a causa della loro diversa formazione culturale mentre tutti, senza distinzione, operavano per porvi un termine definitivo.

Rimane da illustrare il fatto che per indicare questa loro duplice concezione, gli umanisti si servirono di un'altra immagine non meno frequentemente di quella tratta dal verbo « *renascor* ». Quest'altra formula, *luce-tenebre,* serviva ad essi per indicare come dalle tenebre della lunga notte medievale si fosse passati alla più chiara luce

(104 bis) Come esempio tipico vale il giudizio di Erasmo sul Petrarca (*Ciceronianus, op. cit.*, p. 247). Al letterato italiano è riconosciuto il merito di avere iniziato il movimento umanistico ma nello stesso tempo si osserva come la sua fama sia di molto diminuita (*sua aetate celebris ac magnus, nunc vix est in manibus*).

(105) Barrès, *Sous l'oeil des barbares,* Parigi, 1913, pp. 22-23.

della rinascenza, cioè come dall'ignoranza di ogni cultura letteraria, per opera dell'amorevole insegnamento classico, gli studiosi si fossero aperti alla radiosa bellezza dell'arte. A tutti è noto come tale formula sia stata adoperata dal Rabelais nel capitolo VIII del *Pantagruel*: « Le temps estoit encores *tenebreux* et sentant l'infélicité et la calamité des Gothz qui avoient mis à destruction toute bonne literature. Mais, par la bonté divine, la *lumiere* et dignité a esté de mon eage rendue es lettres... » (106). Quando il Thuasne (107), indicando le possibili fonti di questo passaggio, recava alcuni testi di Budé e di Despautère, forse non pensava quanto comune fosse quella espressione e quindi quanto numerose le concordanze. Rabelais stesso, scrivendo nel giugno del medesimo anno in cui componeva il *Pantagruel* (1532), all'amico Tiraqueau, adoperava già la medesima formula, leggermente modificandola nel suo limpido latino. « Qui fit, Tiraquelle doctissime ut in hac tanta saeculi nostri *luce* quo disciplinas omnes meliores singulari quodam deorum munere *postliminio receptas* videmus, passim inveniantur, quibus sic affectis esse contigit ut *a densa illa gothici temporis caligine plus quam cimmerie ad conspicuam solis facem oculos attollere aut nolint aut nequeant?* (108). Domanda legittima nell'avventuroso narratore che immaginava volentieri di essere trasportato quasi d'incanto in un mondo nuovo tanto che il passaggio repentino dalle tenebre alla luce non poteva che offendere la vista. Nè lo scrittore sospettava quale lungo travaglio avesse preparato poco a poco il fortunato mutamento nè quanti studiosi vi avessero cooperato, quegli studiosi che ormai la tenebrosa dimenticanza avrebbe ricoperta nuovamente per qualche secolo. Alla medesima formula ricorreva pure Budé quando pensava con dolore al lungo periodo in cui le lettere erano rimaste nell'abbandono; i secoli medievali, a suo giudizio,

(106) Rabelais, *Pantagruel*, cap. VIII, in *Oeuvres, op. cit.*, tomo III, p. 102.

(107) Thuasne, *La lettre de Gargantua à Pantagruel*, in *Revue des Bibliothèques*, marzo 1905.

(108) Jo. Manardi, *Epistolarum medicinalium tomus secundus, nunquam antea in Gallia excusus cum epistola F. Rabelaisi Andreae Tiraquello*, Lugduni, 1532. Cfr. Rabelais *Oeuvres complètes*, ediz. Boulenger, p. 968.

mancarono della radiosa bellezza delle lettere (« litterarum *luce* caruerunt ») perchè privi dell'amore per l'arte, coperti quali erano dalle tenebre (« caligine temporum ») che rendevano gli uomini incivili (« horridi atque agrestes ») tanto da preferire all'arte la teologia (109). Così ricordando gli anni della sua giovinezza, l'umanista non dimenticava quali difficoltà avesse incontrato per procedere negli studi classici. « Mihi vero haec scribenti in mentem veniebat poenitendam meam sortem et pene deplorandam esse: qui iuventutis florem totumque robur aetatis in his studiis contrivissem, *literarum luce nondum cis Alpes exorta,* nisi admodum exili nec memoratu digna. Tunc vero cum haec proderem, *claritate literarum plane reddita vitae,* insperatam iuvenum ad eadem studia contentionem exarsisse viderem cum profectu memorabili... » (110). Le condizioni culturali erano cambiate in pochi anni così rapidamente da giustificare appunto l'impressione di un passaggio dalla più completa oscurità alla luce solare. Né tale impressione Budé nascondeva quando, a proposito della verità storica che a suo giudizio non aveva ancora sostituito completamente le falsità per tanto tempo tramandate, scriveva: « Quippe qui commentitiarum coagmenta nugarum et anilium propemodum fabularum congeriem pro iustis historiis ducerent et legerent, *unde adhuc hodie dispulsa rudiorum aetatum nebula hac literarum luce,* imbutas tamen imperitorum mentes videmus... » (111). Ma prima ancora di Budé, già Reuchlin aveva usato la formula nella lettera a Leone X (1517) alla quale già si è accennato. In un passaggio del suo scritto, l'umanista oppone la nuova filosofia degli italiani a quella medievale e dice precisamente: « Italica philosophia... ad summos homines excellentibus ingeniis praeditos olim delata perquam plurimis annis ingenti latratu sophistarum occiderat *tam diu tenebris et den-*

(109) G. Budé, *De studio litterarum recte instituendo,* in *Lucubrationes variae,* Basilea, 1557, in-folio, fol. 6.

(110) G. Budé, *De studio litterarum recte instituendo, op. cit.*, fol. 10 D.

(111) G. Budé, *De Philologia, op. cit.,* fol. 49 B; Cfr. *De Asse,* Lione, 1553, p. 53: « Atqui cum ad hanc aetatem ex quo post tenebricosa saecula literis sensim *lux* effulgere coepit eo iam profectus labores eruditorum hominum evaserint ut ad linguae latinae instaurationem perpauca desiderentur ».

sa nocte sepulta, quousque deum favore *Sol omnis generis optimorum studiorum,* clarissimus Laurentius Medices pater tuus, Magni Cosmi propago, Florentinae civitatis princeps, exoriretur » (112). La tenebrosa ignoranza a cui accennano questi autori è pur sempre quella medievale contro la quale Trithème non temeva di esprimere tutto il suo disprezzo quando apertamente diceva: « ...Sed nostri non est officii sapientiae salutaris taxare osores propterea valeant, *caeci palpantes in tenebris qui lucem scientiae detestantur* » (113). Parlando nel suo *De scriptoribus ecclesiasticis* di Guarino Veronese, egli lodava l'opera dell'italiano al quale si doveva il grande merito di aver cooperato alla rinascita degli studi. « Cuius opera, egli scriveva, excitata et *in lucem revocata* sunt studia bonarum artium quae debilitata et *iam prope extincta* videbantur » (114). Non diversamente si esprimeva Gaguin il quale esortava il Trithème a continuare la sua opera di letterato in questo modo: « Quo te uno ignorantiae *tenebris lucem asplendeat* et male errantibus ducatus facile prebeatur » (115). Parlando di Fichet lo stesso Gaguin adoprerà la formula comune ed accennerà al maestro dicendo: « Qui in *caligine* iacentibus humanitatis studiis, *lumen* mea aetate attulit excitavitque complures latine discere et eleganter loqui » (116), proprio come Francesco Florido dirà del Petrarca: « Immo et plurimum laudis inter eos meruit Petrarcha qui primus apud Italos (nisi fallor) latinam linguam diu sepultam *ex ruderibus et vetustate in lucem* afferre adortus est » (117). Infatti se il Petrarca è il principe degli umanisti italiani, Fichet ha diritto al medesimo titolo fra i francesi, perché, dice sempre Gaguin, allontanò le tenebre che incombevano sulla eloquenza francese (« quod eloquentiae facem *tenebris* gallicae orationis attuleris ») (118). Anche Tardif, per esprimere la perfetta

(112) Reuchlin, *Briefwechsel, op. cit.*, pp. 267-68.

(113) Trithème, *Epistolae, op. cit.*, p. 267.

(114) Trithème, *De scriptoribus ecclesiasticis, op. cit.*, fol. 360.

(115) R. Gaguin, *Epistolae et Orationes, op. cit.*, vol. I, p. 353.

(116) R. Gaguin, *De Francorum regum gestis,* Parigi, 1528, lib. X, fol. 253.

(117) F. Florido, *Apologia in linguae latinae calumniatores,* Basilea, 1540, fol. 106.

(118) R. Gaguin, *Epistolae et orationes, op. cit.*, vol. I, p. 248.

intuizione che egli possedeva del periodo di rinnovamento a cui partecipava, non adoperava soltanto la metafora rinascenziale come nei testi già indicati, ma si serviva anche di quest'altra formula come quando ricordava la sua opera di restauratore della lingua latina. « Clarissima, egli diceva, pro tantulis viribus meis latina lingua ac rhetorica *in lucem* usumque *restituta* » (119).

Ma la formula venne usata con maggior frequenza dagli umanisti quando essi vollero indicare con espressione efficace il grande vantaggio ottenuto dagli studi con l'invenzione e la diffusione della tipografia. Così Fichet, scrivendo a Jean de la Pierre per felicitarlo della pubblicazione delle lettere del Barzizza, diceva: « Res sane te viro doctissimo et optimo digna ut quae cum laude et gloria sorbonico certamini dux praefuisti, tum latinis quoque litteris (quas aetatis nostrae ignoratio *tenebris* obumbravit) tua *lumen* effundas industria » (120). Nel medesimo modo si esprimeva Gaguin quando, scrivendo dei versi in onore di Fichet, promotore dell'arte tipografica in Francia, diceva che per opera sua tanti autori potevano uscire dalle tenebre (« exiliunt *tenebris* ») in cui erano stati sepolti per apparire alla chiara luce della scienza (121). Trithème, scrivendo al fratello nel 1506, ricordava le difficoltà in cui si erano trovati gli antichi in confronto delle agevolazioni di cui godevano al suo tempo coloro che si dedicavano allo studio. « Inopia librorum veteres allegare potuerunt, nos vero potius inopes copia fecit cum impressoria nostris diebus arte apud Moguntiacum inventa hodieque per orbem universum dilatata, tot veterum atque novorum volumina doctorum *veniunt in lucem* ut aere iam modico doctus quilibet esse possit... » (122).

Passeranno alcuni secoli e gli storici riprenderanno

(119) G. Tardif, *op. cit.*, prefazione.

(120) Cfr. P. Champion, *Les plus anciens monuments de la typographie parisienne*, Parigi, Champion, 1904, p. 22 sgg.

(121) L. Sieber, *Un nouveau document relatif à Jean Gutenberg et aux débuts de la typographie à Paris*, in *Bulletin de la Société de l'histoire de Paris*, Parigi, Champion, 1887, pp. 106-110.

(122) J. Trithème, *Epistolae*, *op. cit.*, p. 175. In un'altra lettera (p. 305) parlando ancora dell'arte tipografica adopera la medesima espressione: « totque *in lucem* quotidie veniunt libri... »; « ... et veterum et novorum volumina quotidie producit *in lucem...* ».

nuovamente questa immagine per esprimere il medesimo concetto che diventerà un dogma per la storiografia del sec. XIX, dopo che Michelet avrà scritto: « C'est bien là le fond des *ténèbres*. Et il se passe un demi-siècle sans que l'imprimerie y ramène un peu de *lumière* » (123).

Come per la prima metafora di carattere più generale, anche per questa credo che non si possa contestare che ai francesi essa venne fatta conoscere dagli italiani unitamente alla coscienza della nuova età. I nostri umanisti infatti adoperarono essi pure tale espressione e talvolta l'abbellirono con variazioni suggerite dalla loro immaginazione poetica e dal loro gusto. Il Poliziano, ad esempio, si serve di essa in modo curioso e non privo di originalità. Trattando dell'opera di Platone, egli cerca di spiegare l'intimo significato del mito della caverna così: « Vinctos in *tenebris* homines nullos esse alios quam vulgus et *ineruditos; liberum* autem illum *clara in luce* et exemptum vinculis hunc esse ipsum philosophum de quo iamdiu loquimur » (124). Questo testo è importante non solo perché ripete la formula con una originalità sua propria, ma principalmente perché indica in modo chiaro che quando gli umanisti accennavano alle tenebre, intendevano parlare dell'ignoranza propria degli indotti mentre con la luce significavano la dottrina e per essa la verità. Che gli umanisti indicassero con queste espressioni tanto l'epoca medievale quanto gli uomini privi di cultura classica, lo riprova ancora questo altro testo del Poliziano che parlando di Omero si domanda: « An erimus *barbaris* quoque ipsis duriores atque immaniores ut hoc celeste opus in quo tot virorum *lumina* studium omne suum atque industriam posuerunt, ipsi in camoenarum gremio enutriti iacere neglectum in situ atque in *tenebris* patiamur? » (125). Come si vede gli umanisti adoperavano l'immagine con una certa libertà, applicandole differenti significati che tutti però si riducevano all'unico concetto di opposizione tra due diversi periodi culturali. Inneggiando ad Alessandro Farnese, M. A. Flaminio si domanderà:

(123) J. Michelet, *La Renaissance, op. cit.*, p. CXXXIII.

(124) Poliziano, *Praelectio in priora Aristotelis Analytica titulus Lamia*, in *Opera*, vol. III, Lione, 1537, p. 23.

(125) Poliziano, *Oratio in Homerum, op. cit.*, p. 101.

« ...quis putasset
Post tot *saecula tam tenebricosa*
Et tot Ausoniae graves ruinas
Tanta lumina tempore uno
Oriri potuisse? » (126).

Scrivendo al marchese Leonello di Ferrara il vecchio Guarino ringrazia per il dono di un manoscritto di Plauto e riconosce nell'opera dell'illustre protettore un valido mezzo per cui lo scrittore classico « è stato dalle *tenebre alla luce,* dagli antri ai ginnasi, dalla morte alla vita richiamato » (127). Né diversamente si esprime il Landino il quale, lodando l'opera del Ficino, riconosce come egli abbia riportato nel giusto onore Platone (« divinam disciplinam plurimis iam saeculis situ temporum hominumque *tenebris obrutam, in luce revocavit* ») (128). Così ancora il Boccaccio nella lettera a Jacopo Pizzinghe adopera questa metafora e parlando del Petrarca dice: « Homo tam grandi nisu et elucubratis suis operibus iam undique clarescentibus, emissa quasi per universum volatili tuba, *poeticum diffudit nomen a se in lucem* e *latebra revocatum* et spem fere deperditam in generosos suscitavit animos » (129). Col Boccaccio eccoci nuovamente al Petrarca al quale si giunge dopo una lunga esplorazione circolare. Scrivendo al popolo romano quella lettera in onore di Cola di Rienzo che giustamente è stata considerata come un manifesto del nuovo spirito della rinascita di Roma, proprio in quella lettera, vicino alla metafora generale, si trova pure questa più particolare. Ricordando ai romani l'opera del tribuno, l'umanista li prega di tutelare la sua vita e la sua attività ed aggiunge: « Neve qui in luce fecit omnia, immo qui quantum per hominem fieri poterat, *lucem mundo reddidit, in tenebris* condemnetur » (130). Il senso nuovo con cui qui viene

(126) M. A. Flaminio. *Hendecasyllabi ad Alexandrum Farnesium* cit. da D. Gnoli, *Fasti letterari nella Roma di Leone X* in *Nuova Antologia,* genn. 1930, p. 3.

(127) Testo citato e tradotto da G. Carducci. *Primi saggi e studi dell'Ariosto* in *Nuova Antologia,* genn. 1933, p. 6.

(128) C. Landino, *De vera nobilitate* in Fossi, *Monumenta ad Alamanni Rinuccini vitam contexendam,* Firenze, 1791, p. 113.

(129) Boccaccio, *Epistola a Iacopo Pizzinghe,* in *Lettere edite ed inedite,* Firenze, 1877, p. 189 sgg.

(130) Petrarca, *Epistolarum sine titulo liber IV,* in *Opera, op. cit.,* vol. II, fol. 715.

adoperata l'immagine non può che ridursi a quello comune cioè rinascenziale. Quando si pensi quale valore attribuisse il Petrarca all'opera del Rienzo e come da questo egli attendesse la restaurazione dell'antica potenza romana, questo testo deve essere interpretato richiamandosi alla coscienza storica dell'autore.

Tuttavia il modo con cui la comune metafora viene espressa ha il grande vantaggio di indicare le possibili fonti da cui essa viene tratta. Poiché giunto nella ricerca a quello che io credo il principio dell'evoluzione umanistica della metafora, non è possibile trascurare di domandarsi se gli umanisti, e per primo il Petrarca, erano originali in questo modo di esprimere un concetto tanto radicato nella loro mentalità oppure se non si servirono di un'immagine per altre vie familiare alla loro cultura. Ora proprio questo ultimo testo, per lo strano modo con cui si richiama ad un motivo evangelico, mi ha spinto a cercare appunto dalla parte della tradizione biblica. In verità la formula si trova pure nella letteratura classica e Lucrezio, ad esempio, incominciando al principio del terzo libro del *De rerum natura* l'elogio di Epicuro, per indicare come il filosofo abbia saputo additare i veri beni della vita, dice testualmente che egli seppe « *e tenebris tantis tam clarum extollere lumen* » (131), intendendo che la luce della verità finalmente rischiarava gli uomini che nelle tenebre cercavano una soluzione al problema della condizione umana. Nell'opera del poeta latino la formula è frequente ma non mi pare che si possa indicare una tradizione costante che la ricongiunga con quella umanistica. Probabilmente essa poté confermare l'uso più che offrire l'espressione adatta di un concetto che nel suo significato non storico ma comune, è di tutti i tempi. Ad ogni modo, comunque si risolva il problema che sorge dal testo classico, mi pare che, diversamente da quanto avviene per Lucrezio, si possa dimostrare l'esistenza di un reale sviluppo della metafora quando si porga attenzione alla tradizione biblica (132). Cotesta metafora infatti si

(131) Lucrezio, *De rerum natura*, III, 1.

(132) Abbiamo qui ancora un esempio di come nel Medio Evo la cultura profana derivi per linea diretta da quella sacra. Fatto che recentemente ricordava Leo Spitzer (*Modern language Notes*, giugno 1941, p. 222), quando scriveva: « C'est un fait cou-

trova indicata dalla Bibbia nel versetto: « Exortum est *in tenebris lucem* rectis, misericors et miserator » (133); e viene ripresa da un secolo all'altro da diversi autori sempre secondo una direzione e per opera di una precisa influenza. Il significato è del tutto identico a quello classico: la verità è la luce che sorge tra le tenebre dell'errore. Questo appunto voleva significare l'evangelista Giovanni quando riporta l'espressione del Cristo: « Ego sum *lux* mundi, qui sequitur me non ambulat *in tenebris* sed habebit lumen vitae » (VIII, 12); oppure quando dice: « *Lux in tenebris lucet* et tenebrae eam non comprehenderunt » (1, 5). S. Paolo ripete il medesimo concetto con l'identica immagine scrivendo ai Tessalonicesi: « Omnes enim vos *filii lucis* estis et filii Dei; non sumus noctis neque *tenebrarum* » (V, 5); ed ancora quando afferma: « Eratis enim aliquando *tenebrae,* nunc autem *lux* in Domino » (*ad Ephesios,* V, 8). Si forma così una tradizione che si vale della concezione cristiana ed è facile quindi trovare nei Padri ripetuta la metafora sempre con l'identico significato. S. Ambrogio nel *De virginitate* (134) dice che Cristo è la luce per chi fugge le tenebre (« *si tenebras fugis, lux est* »)» e nel *De officiis ministrorum* (135) ripete il medesimo concetto scrivendo: « Omnis enim qui *lucem* fugit, diligit *tenebras* ». Ugualmente S. Pa-

nant dans la civilisation médiévale que cette prévalence et priorité du terme religieux, toute science au moyen-âge empruntant de préférence son vocabulaire au langage ecclésiastique ». Sullo stesso concetto vedi ancora quanto scrive lo stesso Spit er in *Romania,* tomo LXIX, 273, 1 (1946) a proposito di Maria di Francia (p. 90). Sulla progressiva secolarizzazione delle parole *restitutio* e *renovatio* derivate dalla tradizione biblica, hanno messo in luce numerosi testi prima R. Hildebrand, *Zur sogenannten Renaissance* in *Beitraege zum deutschen Unterricht* (Lipsia, Teubner, 1897, p. 284 sgg.), poi K. Burdach, *Riforma, Rinascimento, Umanesimo, op. cit.*, p. 5-71. Quanto l'origine biblica di una formula letteraria fosse una dipendenza frequente nella cultura medievale dimostra anche M. Sahlin, *Étude sur la carole médiévale; l'origine du mot et ses rapports avec l'église,* Upsala, 1940. Cfr. J. Jud, *Pour l'histoire de la terminologie ecclésiastique* in *Revue de linguistique romane*, vol. X, p. 55.

(133) Salmo CXI, 4.

(134) S. Ambrogio, *De virginitate;* Migne, tomo XVI, col. 291.

(135) S. Ambrogio, *De officiis ministrorum,* liber I, cap. XIV; Migne, tomo XVI, col. 39.

trizio nel *De tribus habitaculis liber* (136) afferma che: « Deus qui est invisibilis et incommutabilis *lux* omnia penetrat... non solum coelestia et terrestria sed etiam *infernalia* ». S. Agostino scrive nel *De civitate Dei:* « Solus quippe ille ista discernere potuit qui potuit etiam priusquam caderent praescire casuros et *privatos lumine veritatis in tenebrosa superbia remansuros* » (137) ed aggiunge che la lotta tra la luce e le tenebre è la lotta tra gli angeli del bene e del male. Né diversamente si esprime nelle *Confessioni* dove ricordando il passo dell'Evangelista già citato, rivolgendosi a Dio, riconosce in lui l'unica luce della verità che deve disperdere le tenebre dell'errore dei Manichei (138). Più frequentemente il concetto biblico e con esso l'immagine che ci interessa, è sviluppato nei commenti dei Padri al testo sacro. Così S. Girolamo, commentando il passo di S. Paolo agli Efesini, spiega l'insegnamento dell'apostolo così: « Sicut autem iusti sunt *lumen mundi,* sic impii consequenter *tenebrae* vocabuntur; et iusti quidem cum sint lumen, videbunt lumen in lumine; iniusti autem cum sint tenebrae, populus sunt sedens in tenebris et nihil videns » (139). Per opera della grande diffusione della Bibbia e dei commenti di cui l'arricchivano gli autori cristiani, l'analogia della verità con la luce e dell'errore con le tenebre si generalizzò sempre più. Boezio accennando alla penosa condizione in cui si venne a trovare la sua intelligenza in un particolare momento della vita, dice nel *De consolatione philosophiae*:

« Heu quam praecipiti mersa profundo
Mens hebet et *propria luce relicta*
Tendit *in externas ire tenebras* (140).

(136) S. Patrizio, *De tribus habitaculis liber;* Migne, tomo LIII, col. 838.

(137) S. Agostino, *De civitate Dei,* liber XI, cap. XIX, Migne, tomo XII., col. 353. Circa la parola *luce* come metafora indicante la dottrina gnoseologico-metafisica di S. Agostino cfr. G. Capello, *Introduzione* a *Le confessioni di S. Agostino*, Torino, Marietti, 1945, p. LXXXII.

(138) S. Agostino, *Confessioni,* libro IV, cap. 15, ediz. G. Capello, *op. cit.*, p. 152.

(139) S. Girolamo, *Commentariorum in epistolam ad Ephesios libri III;* Migne, tomo XXVI, col. 523.

(140) Boezio, *De consolatione philosophiae;* Migne, tomo LXIII, col. 593.

Più avanti nella medesima opera l'autore esalta ancora l'opera della filosofia che, allontanate le tenebre che velavano i suoi occhi, gli ridava lo splendore della luce solare (141). Proprio in questo testo si può vedere, come poco a poco la metafora perda il suo carattere strettamente religioso per passare ad indicare in un modo più generale la verità filosofica e l'errore di qualunque genere esso fosse. Così Cassiodoro nel *De institutione divinarum litterarum*, consigliando con fine intuizione lo studio dei classici perché da essi un monaco avrebbe potuto apprendere molte nozioni necessarie alla formazione religiosa, ricordava pure come fosse facile essere allontanati dalla verità quando si concedesse una eccessiva importanza agli autori pagani. « Quanti enim philosophi, egli aggiungeva, haec solummodo lectitantes, ad fontem sapientiae non venerunt *et vero lumine* privati, *ignorantiae caecitate* demersi sunt! » (142). La metafora adopera pure Alcuino scrivendo a Carlo Magno. Dopo aver esortato il suo re a perseverare nel cammino intrapreso per cooperare con la Chiesa all'opera di evangelizzazione delle genti a lui soggette, egli osserva: « Haec est, o dulcissime David, gloria, laus et merces tua in judicio diei magni et in perpetuo sanctorum consortio; ut diligentissime populum, excellentiae vestrae a Deo commissum, corrigere studeas et *ignorantiae tenebris diu animas obcaecatas ad lumen verae fidei deducere coneris* » (143). In un'altra lettera (144) egli ritorna sul medesimo concetto, ricordando ai suoi monaci quale beneficio essi avevano ricevuto perché: « divina misericordia de terra *tenebrarum* et frigoris, de *regione ignorantiae* et iniquitatis transtulit *in loca lucis* et laetitiae ». Ugualmente nella sua *Grammatica*, egli si serve della metafora per indicare l'importanza propedeutica dello studio delle lettere. « Oculi itaque si splendore solis vel alia qualibet lucis praesentia asperguntur, perspicacissime, quidquid obtutibus occurrit discernere valent: caeterum *si-*

(141) Boezio, *De consolatione philosophiae, op. cit.*, col. 601.

(142) Cassiodoro, *De institutione divinarum litterarum*; Migne, tomo LXX, col. 1142.

(143) Alcuino, *Epistolae*; Migne, tomo C, col. 207. Lettera a Carlo Magno dell'anno 796.

(144) Alcuino, *Epistolae, op. cit.*, lettera CXII, col. 340.

ne lucis accessu in tenebris manere notissimum est » (145). Ancora egli si domanda: « *Quid pulcrius luce?* et haec *tenebris* succedentibus obfuscatur » (146), affermando che la verità è continuamente velata dalle tenebre dell'errore che ogni uomo si deve sforzare senza sosta di disperdere.

E' facile risalire per questa via i secoli medievali per dimostrare con nuove attestazioni quanto il concetto e l'immagine fossero comuni. Ancora Pierre de Blois esprimeva l'uno e l'altra quando in una lettera affermava che gli antichi sono la fonte della vera scienza che non si può acquistare senza un lungo lavoro intellettuale. « Scriptum est, egli diceva, quia in antiquis est scientia... Nam *de tenebris ignorantiae ad lumen scientiae* non ascenditur nisi antiquorum scripta propensiore studio relegantur » (147).

Ma più che collezionare dei testi (148), dopo aver di-

(145) Alcuino, *Grammatica*; Migne, tomo CI, col. 850.

(146) Alcuino, *Grammatica, op. cit.*, col. 851. Nelle opere di Alcuino si trovano pure delle espressioni che potrebbero giovare a coloro che sostengono il valore rinascenziale del rinnovamento culturale al tempo di Carlo Magno. Così nella lettera LXV (Migne, tomo C, col. 235) egli scrive: « Sacrae lectionis studia omnimodis *renovate* vobiscum, ne pereat labor noster in librorum collectione ». Scrivendo a Carlo Magno a proposito della sua riforma scolastica (Migne, tomo C, lettera CI, col. 315) egli dice: « Sed sicut totius sapientiae decus et salutaris eruditionis ornatus per vestrae nobilitatis industriam *renovari* incipit, ita et horum usus in manibus scribentium redintegrandus esse optime videtur ». Tuttavia questi testi indicano, a mio avviso, piuttosto i limiti in cui deve essere contenuto tale concetto di rinnovamento. Se si deve credere all'esistenza di una rinascenza tutte le volte che si constata un rifiorire degli studi, allora non vi è più alcun limite all'uso di questo termine. Bisognerà risalire, oltre la rinascenza carolingia, a quella del sec. V; ma chi si avventurerà in questo tentativo non potrà dirsi originale perché preceduto dal Boissier il quale scrisse (*La fin du Paganisme*, Parigi, 3ª ediz., 1898, p. 430): « En réalité le XIVᵉ siècle a repris le travail brusquement interrompu par les barbares au Vᵉ siècle... on peut dire sans exagération que du temps de Théodose la Renaissance commençait ». Come si vede, su tale via è facile moltiplicare le rinascenze all'infinito. Una precisa messa a punto del problema è stata scritta, soprattutto per quanto riguarda la supposta rinascenza del sec. XII, da W. A. Nitze, *The so-called Twelfthe Century Renaissance* in *Speculum*, XXIII (1948), pp. 464-471.

(147) Pierre de Blois, *Epistolae*; Migne, tomo CCVII, lettera CI, col. 313.

(148) Circa la nozione di tenebra propria alle potenze non cognitive cfr. A. Combes, *Jean Gerson commentateur dionysien*,

mostrata la larga diffusione della metafora, è di interesse capitale indicare il momento in cui questa, lasciato il suo originale valore religioso, passò a significare un concetto letterario e con esso la transizione da un periodo di poca cultura ad uno di grande fervore per gli studi. Bisogna a questo scopo riportarsi ancora una volta al Petrarca. Nell'*Apologia* infatti, accennando agli antichi, egli afferma che quei nobili ingegni seppero ugualmente brillare di viva luce pur nelle tenebre dell'errore in cui erano immersi. « Nullo enim modo divinarum rerum veritas apparere illis poterat, quibus nondum verus *sol iustitiae* illuxerat. *Elucebant tamen inter errores ingenia,* neque ideo minus vivaces erant *oculi, quamvis tenebris et densa caligine circumsepti,* ut eis non erranti odium sed indignae sortis miseratio deberetur » (149). Appare qui evidente che il Petrarca si preoccupava di mettere in evidenza la potenza intellettuale dei classici e come essi avessero saputo giungere talvolta alla verità senza avere avuto quegli aiuti che erano stati offerti ai cristiani con la rivelazione. Ora per esprimere tale concetto che gli umanisti svilupperanno e ripeteranno a sazietà, egli adopera ancora una volta la formula biblica adattandola alla nuova concezione. Fatto significativo che indica come per l'umanista italiano la verità non fosse soltanto quella che derivava dall'insegnamento cristiano ma anche quella che si poteva trarre dai classici, maestri essi pure di sapienza e per questo sorgenti di vera luce per chi si trovava nelle tenebre della umana ignoranza. Gli ingegni degli antichi avevano saputo brillare ancora prima che il sole della giustizia rischiarasse le vie del vero; la loro esperienza era quindi tanto più preziosa quanto maggiormente veritiere erano le loro opere. Questa riabilitazione del valore filosofico e morale degli antichi era in diretta dipendenza con la tradizione umanistica che risaliva ai Padri, almeno a quelli fa-

Parigi, Vrin, 1940, p. 248 ed il testo ed il commento a pp. 236-237. Numerosi testi in cui la formula viene ripresa nel preciso significato già in uso presso i medievali si trovano in Charles Bovelles, *De sapiente* (ediz. Klibansky in Cassirer, *Individuum und Kosmos in der Philosophie der Renaissance,* Lipsia, 1937, pp. 372; 407; 409.

(149) Petrarca, *Apologia, op. cit.,* fol. 1083.

vorevoli agli antichi (150); ma non tradizionale bensì nuova ed originale era l'applicazione di una formula che fino ad allora era generalmente servita sempre per indicare appunto l'opposizione della verità cristiana agli errori dei pagani. Ora invece il Petrarca non temeva di additare quale luminosa verità vi fosse anche fra le supposte tenebre, fissando in tal modo uno dei fondamentali principi dell'umanesimo secondo il quale gli autori classici avevano già preparato e talvolta anticipato l'insegnamento evangelico. In fondo quindi l'applicazione della metafora era un indizio dei nuovi rapporti che si venivano stabilendo tra il mondo classico ed il mondo cristiano. La storia di questi rapporti che nel Medio Evo aveva subìto alterne vicende, entrava definitivamente nella fase dell'umanesimo rinascenziale; per essa i pagani diventavano in modo assoluto degli incontestati maestri di verità i cui precetti erano complementari, ed in certi casi persino superiori, a quelli del Cristianesimo. Le opere classiche venivano quindi considerate opere di verità e per analogia, sorgenti di luce; l'età in cui coteste opere erano rivalutate non poteva essere chiamata che una luminosa rinascenza.

A tale nuova concezione si opponeva fra Giovanni Dominici quando scriveva, in cortese polemica col Salutati, la sua *Lucula noctis* (151). Egli non era che un rappresentante di quella corrente mistica che sopra tutto nel Medio Evo aveva trovato dei validi esponenti e che anche nel momento più glorioso della rinascita avrà dei fedeli seguaci. Questi, in Francia ad esempio, formeranno appunto quel partito rigidamente ortodosso, in opposizione in ugual misura ai riformatori come Lefèvre d'Etaples e agli spiriti liberi come Rabelais. Il Dominici adunque non accettava

(150) Come è noto, questo concetto è uno dei fondamenti dell'umanesimo cristiano quale si sintetizza nella precisa formula agostiniana: « Omnis veritas a quocumque dicatur, a Spiritu Sancto est » (*De doctrina christiana*, I, 2).

(151) G. Dominici, *Lucula noctis*, ediz. Remi Coulon, Parigi, Picard, 1908. Il Dominici dal Toffanin (*Storia dell'Umanesimo*, *op. cit.*, p. 143) viene giudicato un isolato fra i letterati italiani. Dubito che anche fra questi possa essere giudicato tale; è certo però che ancora fra gli uomini del Cinquecento francese egli trova non pochi spiriti affini. Cfr. E. Gilson, *La Philosophie au Moyen-âge, op. cit.*, p. 734.

la concezione che vedeva nei classici dei maestri di verità mentre il Salutati e con lui tutti gli umanisti studiavano le opere classiche perché pensavano che era pur quella una vita per giungere a Dio (« noli putare quod, cum vel in poetis vel in aliis Gentilium libris veritas queritur, in vias Domini non eatur ») (152). Il Dominici invece ribatteva che essi rappresentavano le tenebre perché avevano ignorato la parola di Dio che solo è verità. Negava di conseguenza, pur con curiose contraddizioni fra cui principale la sua erudizione classica, lo studio degli autori pagani che non potevano giovare in alcun modo alla formazione cristiana. Sola luce quindi era la luce evangelica. In questo modo, riprendendo il versetto dell'evangelista: « Lux in tenebris lucet et tenebrae eam non comprehenderunt », egli riaffermava il significato tradizionale della metafora quale aveva indicato l'interpretazione dei Padri e seguito tutti i commentatori medievali, negando nel modo più assoluto la nuova interpretazione che gli umanisti cercavano di stabilire. Si viene così a spiegare l'insistenza con cui l'autore ricorda il passo di S. Giovanni che egli scrive a principio della propria opera, che commenta nel prologo, di cui si serve come acrostico per unire fra di loro i diversi capitoli. E forse cotesta interpretazione può servire pure per spiegare il titolo stesso dell'opera che agli studiosi parve tanto enigmatico (153). A mio giudizio, lo spunto del concetto che il Dominici trovava espresso nel versetto evangelico si trova proprio nella lettera del Salutati a fra Giovanni da San Miniato che fu colui che provocò la discussione. Scrivendo infatti a questo suo contradditore, il segretario fiorentino diceva: « Verum te video nondum questionis terminos intelligere versarique in illo tuae simplicitatis errore, quo reputas ista nostra poetica grave et inexpiabile nefas esse et pernitiosa mendacia » (154). Poiché la poesia era una menzogna, conteneva in sé l'errore tenebroso; gli umanisti pensavano invece che in essa ci fosse nascosta la luminosa verità. Ecco la ragione per cui il Dominici risponde con il versetto del-

(152) C. Salutati, *Epistolario, op. cit.*, vol. III, p. 539.
(153) C. Salutati, *Epistolario, op. cit.*, vol. IV, p. 209, nota.
(154) C. Salutati, *Epistolario, op. cit.*, vol. IV, p. 175.

l'evangelista e rovescia l'immagine che gli umanisti venivano componendo e secondo la quale la luce di Roma antica trionfava sulle tenebre dell'ignoranza e lo studio e l'amore delle lettere classiche vincevano la dimenticanza e l'abbandono in cui erano state lasciate. « Hinc lucem dixerim, scrive il Dominici, quemdam divinae claritatis influxum ad cernendum disponentem potenciam intellectivam creatam de quo, pro statu tam vie quam patrie, illum versiculum capiamus: In lumine tuo videbimus lumen ». Nessuna altra luce quindi che non fosse quella cristiana poteva esistere; all'esterno non vi erano che le tenebre pagane che consistevano appunto nella privazione del raggio luminoso della sapienza divina. « Tenebras vero sentio nichil aliud esse quam radii privationem interdicti, inductas, ut sic more vulgi improprie loquar, per alicuius interpositionem opaci inter mentis intuitum et prefatum lumen aeternum » (155).

In questa necessità di riaffermare il significato tradizionale della metafora per difendere un concetto non meno tradizionale si trova il principale indizio dell'evoluzione che stava compiendo la metafora stessa. Appena gli umanisti tentarono di appropriarsela, non per svuotarla di ogni valore religioso ma per allargare il suo significato fino al campo classico, subito trovarono delle opposizioni e dovettero difendere la loro concezione. La preparazione culturale, la capacità intellettuale, infine le doti letterarie che erano le qualità di quei nobili ingegni seppero mantenere ferma la nuova interpretazione; ma ugualmente gli oppositori ebbero il modo di ricordare loro quanto di tradizionale vi fosse in una concezione che tendeva a negare ogni rapporto col periodo precedente. Infatti è cosa ben curiosa, anche se comprensibile, che per indicare lo spirito nuovo che doveva separarli completamente dall'età di mezzo, gli umanisti si siano serviti appunto di una metafora offerta dalla tradizione medievale. Fatto per se stesso molto istruttivo perché indica come involontariamente la storia si vendichi contro chi tenta di corrompere con troppo rigorose classificazioni la sua essenza stessa che è nell'eterno divenire.

Mi pare quindi possibile stabilire come conclusione che agli umanisti non sfuggì l'importanza dell'opera che ave-

(155) G. Dominici, *op. cit.*, *prologus*, pp. 1-2.

vano intrapreso. Questa loro coscienza storica che così chiaramente appare nelle loro opere, essi espressero con delle immagini tratte dalla loro stessa cultura che, essendo fondamentalmente cristiana, offriva loro in grande numero quelle cognizioni bibliche di cui essi si servirono per costruire il loro nuovo mondo culturale. Pur con le importanti differenze caratteristiche dei vari gruppi e delle varie epoche, tutti quegli studiosi erano uniti da un'unica concezione che essi stessi opponevano a quella medievale, inconsapevolmente forse dimenticando come ne fossero gli eredi diretti.

Capitolo terzo

UN TESTO DI MELANTONE

I. - *L'importanza delle testimonianze che dimostrano la differenza di concezione tra gli umanisti italiani e francesi circa la durata del periodo medievale.*

E' stato dimostrato nel capitolo precedente che gli umanisti, nella loro volontà di rinnovare lo spirito classico, furono portati a disprezzare, almeno apparentemente, ogni traccia della cultura medievale. Questa particolare tendenza agì sull'interpretazione che quegli studiosi diedero delle vicende storiche e li spinse a creare uno schema storiografico in cui lo sviluppo, la decadenza ed il rinnovamento dello spirito classico corrispondevano rispettivamente all'età romana, medievale e rinascenziale. Lo schema venne adoperato sopra tutto per fissare le principali fasi della storia della lingua latina che era appunto l'elemento più concreto della concezione umanistica. L'interpretazione che ne derivò fu a tal punto caratteristica della nuova mentalità e così aderente che si diffuse in tutti i centri di cultura tanto che non v'è umanista il quale non abbia fatto uso, anche indirettamente, di quella precisa concezione storiografica. Per questo motivo non è difficile trovare dei testi in cui gli umanisti descrivono l'evoluzione della lingua latina ripetendosi l'un l'altro, adoperando le medesime espressioni e ricordando i medesimi autori.

Ho già detto che per trovare la prima formulazione di questo schema storiografico bisogna risalire al Petrarca. Il poeta infatti, anche se non definisce in modo preciso le tre epoche, affermando da un lato che dopo Boezio nessun scrittore conobbe la purezza del latino classico e da un altro lato che a lui spetta il merito di aver rinnovato la lingua ciceroniana, implicitamente fissa la nuova interpretazione. Tuttavia, a mia conoscenza, lo schema appare in tutta la sua precisione soltanto con Coluccio Salutati. Scrivendo al card. Bartolomeo Oliari, l'illustre umanista ricorda i principali scrittori latini per paragonarli a Cicerone, anticipando con un simile paragone una pagina famosa del *Ciceronianus* di Erasmo (1). Egli limita la grande età classica con Macrobio ed Apuleio ed indica in Agostino e Simmaco gli ultimi scrittori latini degni di questo nome. Dopo di essi non vi è che l'ignoranza medievale. « Post quos, egli dice, tanta rei huius iactura facta est tantaque mutatio, ut Maronico versiculo liceat conqueri quod "ex illo fluere ac retro sublapsa referri" eloquentia visa sit » (2). E' pur vero che sono ricordati Bernardo di Chiaravalle, Ildeberto, Abelardo ed altri, ma l'umanista osserva che essi non sono degni neppure di essere paragonati ai classici. Il principio della nuova età è segnato dall'opera di Albertino Mussato: « Emerserunt parumper nostro saeculo studia litterarum et primus eloquentiae cultor fuit conterraneus tuus Musattus Patavinus » (3). Come si vede, lo schema è qui chiaramente indicato nelle tre epoche nettamente distinte. Il giudizio critico dell'umanista fissa il valore di ciascuna di esse, basandosi puramente su di un criterio estetico: la bellezza formale della prosa latina.

Questa particolare posizione critica ci spiega la ragione delle variazioni dei limiti dell'età di mezzo nello schema in rapporto al mutare dei tempi e degli autori dai quali esso veniva usato. Nel Cinquecento, quando per la lunga dimestichezza con i classici e per la loro attenta imitazione, il gusto del latino elegante si sarà largamente diffuso, i termini saranno spostati in modo da prolungare il più possibile l'epoca medievale. Allora anche nei cenacoli umanistici d'oltralpe che erano stati i più renitenti, si ammetterà che l'epoca della decadenza medievale era durata da Boezio al Petrarca. Caratteristica a questo riguardo è la prefazione scritta da Jean Despautère per la sua *Ars ver-*

(1) C. Salutati, *Epistolario, op. cit.*, vol. III, p. 76 sgg.

(2) C. Salutati, *op. cit.*, vol. III, p. 82-83.

(3) C. Salutati, *op. cit.*, vol. III, p. 84. Testo che conferma la tesi che a taluni parve ardita del Toffanin. Cfr. *Che cosa fu l'Umanesimo*, Torino, Bocca, 1920, cap. V; *Storia dell'Umanesimo, op. cit.*, p. 56 sgg.

sificatoria (4). Tracciando a grandi linee la storia della decadenza della lingua latina, l'umanista ricorda l'opera devastatrice dei Goti i quali distrussero con la loro barbarie la potenza della spiritualità romana. Dopo Claudiano, Ausonio e Boezio non vi fu più alcun scrittore latino ed alcun poeta perché i barbari disprezzavano la bellezza dell'arte che non comprendevano. Gli stessi cristiani dimenticarono i grandi poeti che rifuggivano « ut diaboli pabulum ». Solo dopo lunghi secoli di tenebrosa ignoranza il Petrarca, « non sine divino numine », proclamò la guerra a così profonda barbarie e risollevò al dovuto onore gli studi umanistici. In tal modo Despautère fissa i termini dell'età di mezzo, volutamente dimenticando tutta l'attività letteraria che avevano esplicato nei vari secoli medievali numerosi autori che il Salutati giudicava pur degni di un ricordo. Nel Cinquecento non vi è più alcun ricordo per essi; il rinnovamento dell'epoca carolingia, quello del sec. XII non hanno alcun valore per quegli uomini tutti presi dal puro amore per l'antichità (5).

Lo schema nella sua rigidezza e direi quasi nella sua severità critica viene adottato pure dal Vivés (6). Analizzando le ragioni della decadenza degli studi liberali, l'umanista spagnuolo traccia la storia della loro varia fortuna e ricorda come per essi sia stata fatale l'invasione dei barbari i quali avrebbero distrutto ogni traccia della civiltà romana bruciando le biblioteche e con esse le grandi opere degli autori classici. « Simul, egli dice, irrisae sunt ab eis linguae ac studia omnia nec solum eis detractum est pretium sed contumelia addita » (7). Dimenticata la lingua latina, gli studi liberali vennero abbandonati ed una oscura notte oppresse per più secoli le intelligenze. Finalmente dopo tanto male qualche studioso pieno di coraggio risuscitò l'antico spirito classico tanto che l'umanista poteva affermare: « Revertuntur tam longo postliminio graeca et

(4) J. Despautère, *Ars Versificatoria*, Parigi, Josse Bade, 1516.

(5) Giulio Cesare Scaligero nella sua *Poetica* fa la storia della poesia latina senza ricordare il Medioevo. Cfr. CH. S. Baldwin, *Renaissance Literary Theory and Practice*, *op. cit.*, p. 4.

(6) L. Vivés, *De causis corruptarum artium*, in *Opera*, Basilea, 1555, tomo I, fol. 325 e sgg.

(7) L. Vivés, *op. cit.*, fol. 334.

latina lingua seu renascuntur verius » (8). Più avanti nella stessa opera l'autore riprende lo schema quando si propone di scrivere la storia della rettorica. Dopo aver indicato la fine dell'eloquenza romana negli ultimi secoli dell'impero, accenna alla debolezza dell'eloquenza cristiana che andò sempre più imbarbarendosi fino alla sua completa estinzione. Solo per opera degli umanisti italiani viene ripresa la grande tradizione classica. « Memoria patrum et avorum, egli dice, coeptum est in Italia revocari studium linguarum... » (9).

Come si vede lo schema è sempre il medesimo; dal Petrarca ai cinquecentisti esso rimane immutato nella sua triplice divisione e nel preciso giudizio che gli umanisti danno di ciascuna età. Bisogna tuttavia osservare che codesta immutabilità non impedì alcune innovazioni nei particolari. Infatti sono importanti le modifiche cronologiche che vennero adottate dagli umanisti. Importanti, dico, perché esse ci offrono il modo di comprendere le caratteristiche che distinguono le mentalità particolari ai vari centri di studio, indicandoci le principali tendenze delle diverse formazioni culturali.

Il primo cenacolo umanistico francese per opera di Nicolas de Clamanges non accettava la durata del periodo medievale da Boezio al Petrarca. Richiamandosi agli scrittori del sec. XII, l'umanista chiaramente indicava di considerare quel periodo come importante per il rinnovamento classico che veniva separato da quei precursori soltanto da due secoli di tendenze anti-letterarie. Il cenacolo di R. Gaguin era della medesima opinione; in polemica con gli italiani, i francesi pensavano che la barbarie medievale si prolungava durante i trecento anni che erano trascorsi dal movimento culturale del sec. XII. Questa precisa variazione cronologica imposta allo schema degli umanisti italiani è significativa. Essa indica non solo il grado di formazione culturale dei francesi, meno raffinati nel gusto e quindi meno severi nella loro classificazione, ma principalmente essa ci fa comprendere che la tendenza era diversa da quella italiana perché preoccupata maggiormente del problema teologico. Richiamandosi infatti agli scrittori del

(8) L. Vives, *op. cit.*, fol. 335.
(9) L. Vives, *op. cit.*, fol. 401.

sec. XII gli umanisti francesi indicavano di voler continuare quella particolare mentalità; nè è necessario insistere sulle differenze di quest'ultima rispetto al nuovo spirito umanistico italiano (10).

II. - *Melantone riunisce la concezione italiana e quella francese in una nuova interpretazione storica che svaluta anche umanisticamente l'opera degli scolastici del sec. XIII.*

Tenendo presente quanto sono venuto precisando, cioè da un lato l'esistenza di un rigido schema storiografico usato dagli umanisti per localizzare storicamente la loro opera rinnovatrice, da un altro le modificazioni cronologiche che a cotesto schema gli stessi umanisti imponevano secondo le loro tendenze, si potrà comprendere l'effettivo valore di un testo di Melantone che mi propongo di illustrare.

Parlando a Wittenberger nel 1518 sulla necessità di riformare gli studi, l'illustre umanista tedesco (« le seul capable de succéder dans la littérature à la réputation d'Érasme », secondo il giudizio di Bossuet) (11), dopo aver ricordato il rapido mutamento che si era realizzato nell'insegnamento grazie all'applicazione dei nuovi metodi umanistici, traccia egli pure la storia delle vicende subite dalle

(10) Tuttavia vale la pena notare che questa differenza è quantitativa e non qualitativa poichè tanto per gli italiani come per i francesi del sec. XV l'ideale umanistico consisteva nell'unione della *eloquentia* con la *sapientia*. Soltanto pensando che questo ideale derivava tanto in Italia quanto in Francia dall'unica tradizione medievale si può accogliere l'interpretazione recente che vuol vedere nel movimento umanistico francese del sec. XV un carattere decisamente autonomo da quello italiano. Si veda per le ragioni a favore e contrarie E. Gilson, *La philosophie au Moyen-âge, op. cit.*, p. 749; A. Combes, *Jean de Montreuil et le Chancelier Gerson. Contribution a l'histoire des rapports de l'umanisme et de la théologie en France au début du XVe siècle,* Parigi, Vrin, 1942, p. 601; L. Mourin, *Six sermons français inédits de Jean Gerson,* Parigi, Vrin, 1946, p. 537; F. Simone, *Rassegna di studi sul Quattrocento francese, op. cit.*, p. 166 sgg.

(11) Bossuet, *Histoire des variations des Églises protestantes* in *Oeuvres complètes,* 1862, tome IV, p. 484.

arti liberali (12). L'autore incomincia col ricordare l'opera devastatrice dei Goti: « Simul cum Romano imperio Romanae litterae sunt intermotuae, quod una belli furor et bibliothecas exciderat et Musas otio, ita ut fit, negato extinxerat ». A causa delle nuove tendenze dei popoli invasori la grande cultura classica veniva indebolendosi anche se essa trovava ancora un valido sostenitore nel papa Gregorio del quale l'umanista ricorda l'opera attiva come di colui che « Romanam ecclesiam administravit et infelicisimi saeculi casum, quoad potuit, docendo scribendoque sustinuit ». Ma ugualmente poco a poco ogni segno di vita culturale scompariva dall'Italia, dalla Francia e dalla Germania. « Frigebat Italia, frigebat Gallia, Germania ut semper armis quam litteris instructior erat, eaque tum potissimum in Italia saeviebat ». L'Irlanda diventava l'ultimo rifugio delle lettere classiche; colà dei monaci studiosi ed attenti tenevano accesa l'ultima, e la prima?, fiamma dello studio delle lettere classiche. Melantone ricorda il venerabile Beda, esprimendosi in termini eloquenti: « Verum hactenus in Scotis atque Hibernis litteras diuturna pax aluerat, clarebantque ii cum aliis quibusdam tum maxime venerabili Beda, Graece et Latine haud vulgariter perito, ad haec in philosophia, mathematicis, sacris sic erudito ut cum vetustis quoque conferri posset ». Per opera dei monaci irlandesi si preparò il movimento letterario dell' epoca carolingia. Melantone accenna chiaramente all'importanza di questo primo rinnovamento medievale, né si lascia sfuggire l'opera compiuta da Carlo Magno né l'importanza di Alcuino. « In hunc rerum statum, egli dice, Carolus natus cum fines Romani imperii pacasset, ad instaurandas litteras animum adiecit: nam et ipse praeter multarum linguarum cognitionem plerasque disciplinas quae scholis debent, expeditas et compertas habebat. Alcuinum ex Anglia in Gallos duxit, quo auctore Parisii litteras profiteri coeperunt, auspicio certe laeto: nam purae adhuc erant et accedebat Graecarum re-

(12) Melantone, *De corrigendis adolescentiae studiis* in *Declamationes*, edit. Karl Hartfelder (Lateinische Litteraturdenkmäler des XV. und XVI. Jahrhunderts, vol. IV), Berlino, 1891, p. 13 sgg.. Il testo si trova pure nel *Corpus Reformatorum*, ediz. Bretschneider, tomo XI, p. 15 sgg.

rum mediocris peritia » (13). Importa mettere in evidenza come l'umanista noti in questo passo il valore letterario del rinnovamento (« nam purae adhuc erant ») che mirava a preservare la necessaria purezza a quella lingua latina che i barbari avevano alterato e corrotto. Certamente tale fortunato mutamento, secondo Melantone, era ricco di promesse se non fosse sopravvenuto un nuovo fatto che arrestò lo sviluppo degli studi letterari. Esso consiste nell'introduzione nella cultura medievale delle traduzioni delle opere di Aristotele: « Deinde, spiega l'umanista, usu res acta est, inciderunt que homines quidam sive libidine ingeniorum sive amore litium ducti in Aristotelem eumque mancum et lacerum et, qui alioqui Graecis obscurus καὶ τῇ λοξίᾳ similis videtur, latine sic redditum, ut etiam Sibyllae furentis coniecturas exerceret: huc tamen incauti homines impegerunt » (14). La diffusione di queste nuove traduzioni spinsero gli studiosi su vie del tutto contrarie agli studi letterari. Rapidamente furono trascurate le arti liberali e nacque la numerosa turba degli scolastici, « proles numerosior Cadmea sobole ». Attirati verso i nuovi studi, gli intelletti dimenticarono completamente le lettere classiche ed in tal modo con una dannosa incoscienza provocarono la perdita delle preziose opere degli autori latini. Quello che maggiormente addolora Melantone è la constatazione che tale mentalità durò per ben tre secoli. « Haec ratio studiorum, egli dice, annos circiter trecentos in Anglia, in Galliis, in Germania regnavit », né l'umanista si illude sugli effetti di un così incontrastato dominio e di una diffusione tanto vasta: « Primum desertis veterum disciplinis, quando audax ista commentandi et philosophandi ratio invaluit, simul Graeca contempta, mathematica deserta, sacra neglegentius culta sunt » (15). Con tristezza egli si domanda: « Quo malo quae saevior pestis esse potuit? ». Onde quasi a conclusione, egli così sintetizza il danno procurato dai metodi della filosofia scolastica: « Hic casus vere Christianos ecclesiae ritus ac mores, ille studia litterarum labefectavit ». Dopo un così severo quadro come non augurarsi che le arti

(13) Melantone, *op. cit.*, p. 15.
(14) Melantone, *op. cit.*, p. 16.
(15) Melantone, *op. cit.*, p. 17.

liberali riprendessero il loro antico splendore e che le Muse un tempo disprezzate fossero ora da tutti nuovamente amate? (« Quo bonas litteras ac renascentes Musas quam maxime commendatas a vobis universis velim ») (16). L'importanza del rinnovamento veniva da Melantone additata ai suoi giovani uditori. Quest'ultimi erano esortati allo studio degli autori latini e greci, le opere dei quali dovevano loro essere di stimolo e di esempio. In tal modo, soggiungeva Melantone, la gioventù tedesca potrà raffinarsi nel gusto e nei costumi; né l'umanista con un giusto orgoglio nascondeva a sé ed agli amici suoi di scorgere già i primi risultati. « Videor enim videre mihi tacitus aliquot locis reflorescere Germaniam planeque moribus et communi hominum sensu mitescere et quasi cicurari quae barbaris olim disciplinis effera nescio quid immane solita est spirare » (17).

In questo testo è facile vedere con quale precisione storica Melantone riprenda lo schema classico degli umanisti e con quanta abilità lo sviluppi. Se da una parte, giovandosi della concezione comune, egli indica quanto fosse completa la sua adesione al movimento, dall'altra, con le modificazioni introdotte, svela nel modo più preciso in quale direzione egli intendesse orientare i suoi studi letterari. In primo luogo merita di essere messa in evidenza l'importanza che egli riconosce al rinnovamento carolingio ed ai suoi benefici effetti. Questa ammirazione ci può in certo qual modo illuminare circa i possibili rapporti che egli aveva con l'umanesimo francese più che con quello italiano perché quest'ultimo era in generale sdegnoso di tutte le attività letterarie del Medio Evo. Secondo il punto di vista storico affermato qui da Melantone, l'epoca carolingia acquista un valore rinascenziale perché con essa la oscura barbarie dell'età di mezzo poteva dirsi completamente finita. E questo sarebbe avvenuto se tra il sec. XII ed il XIII non si fosse introdotto un nuovo indirizzo che deviò la cultura verso preoccupazioni esclusivamente filosofiche. Questo secondo concetto è la più importante modificazione voluta da Melantone. A suo giudizio gli studi letterari e con essi l'educazione classica avrebbero ritro-

(16) Melantone, *op. cit.*, p. 13.
(17) Melantone, *op. cit.*, p. 26.

vato l'antico splendore se per opera della nuova diffusione delle opere di Aristotele, tutta la cultura, orientata verso i nuovi campi di investigazione che le traduzioni rendevano accessibili, non avesse dimenticato la necessaria formazione letteraria. In tal modo l'umanista accusava i nuovi rappresentanti del pensiero aristotelico di essere il vero ed unico ostacolo che la rinascenza aveva incontrato nel suo cammino. Melantone traeva questa sua concezione dagli italiani poiché è noto quanto fosse un tema comune dal Petrarca in poi, la lotta contro gli interpreti medievali del filosofo greco. Bisogna tuttavia notare che l'umanista tedesco, pur accusando gli scolastici di aver dimenticato la lingua latina per seguire unicamente il pensiero aristotelico, si pone da un punto di vista molto più ampio. Il Valla, parlando di S. Tommaso, aveva già notato la medesima cosa spiegando appunto che la lingua latina si era maggiormente imbarbarita per l'uso eccessivo di termini filosofici importati dal greco (18). Anche il Bruni aveva accusato i traduttori di Aristotele di essere dei corruttori della lingua latina e con lui Guarino Veronese ed il Pontano (19). Ma Melantone generalizza il concetto degli umanisti italiani. Accusando, come egli fa, la scolastica e per essa i suoi maggiori esponenti, S. Tommaso e Duns Scoto, di aver arrestato il libero rinnovamento degli studi letterari, egli nega ogni possibile rapporto tra l'umanesimo ed i filosofi scolastici. L'umanista sintetizza alcuni elementi presi dall'umanesimo italiano ed altri derivati da quello francese per formare una nuova interpretazione storica. Accettando

(18) Un testo interessante (*Laurentii Vallae encomium Sancti Thomae Aquinatis*) è stato pubblicato dal Vahlen, in *Lorenzo Valla über Thomas von Aquino* in *Vierteljahrschrift für Kultur und Litteratur der Renaissance*, Leipzig, 1886, p. 384.

(19) L. Bruni, *Epistolae*, Amburgo, 1724, libro IV, lettera XVI, p. 147: « Ex quo magis translatoribus istis indiscretis irasci soleo quod huius philosophi libros admirabili facundia suavitateque in graeco scriptos, tam absone nobis converterunt ». Cfr. G. Guarini, *Opera*, Basilea, 1531, fol. 76: « Sed non sunt illi Aristotelis libri nec si vivat ipse suos dici velit sed merae translatorum ineptiae ». Cfr. G. Pontano, *Aegidius*, ediz. crit. Previtera (Firenze, Sansoni, 1943), p. 280, 6-9; 19-24. Queste affermazioni gli umanisti rivolgevano contro gli scolastici i quali per scusare la loro negligenza per la parte formale delle loro opere, si richiamavano all'esempio di Aristotele.

l'idea francese che riconosceva capacità letterarie alla cultura medievale, egli si giovava dei motivi addotti dagli umanisti italiani, per indicare le cause della improvvisa estinzione di coteste capacità. Nella nuova sintesi Melantone localizzava storicamente la polemica italiana contro i traduttori del sec. XII dell'opera aristotelica, additando appunto in questi ultimi i principali nemici del nuovo movimento rinascenziale. Non è chi non veda come tale interpretazione storica sia del tutto opposta a quella degli studiosi moderni i quali considerano appunto la grande fioritura filosofica come uno dei principali elementi della rinascita medievale. Né l'opposizione è meno viva quando si pensi che, proprio a proposito di S. Tommaso considerato da Melantone come un fiero oppositore del movimento letterario, il Gilson (20) ed il Toffanin (21) hanno indicato precise tendenze umanistiche. Bisogna quindi ricercare quali erano le idee generali che guidavano l'umanista tedesco a questa importante modificazione dello schema comune.

Appare evidente infatti che Melantone qui rivela in modo preciso le preoccupazioni che erano caratteristiche alla concezione culturale di Lutero. E' noto che il riformatore accusava gli scolastici di aver paganizzato il Vangelo con la filosofia aristotelica. Egli rimproverava a S. Tommaso di aver troppo seguito Aristotele nel riconoscere una eccessiva importanza alla natura umana in rapporto alla grazia. Come bene spiegò il Gilson, « bien loin de lui reprocher d'avoir ignoré l'Hellénisme, il lui reproche d'en avoir abusé et, paganisant l'Évangile, d'avoir corrumpu l'essence même du Christianisme » (22). Ora, questa idea fu da Melantone estesa al campo letterario. In perfetto accordo con il Valla ed il Bruni (23), egli affermò che a causa della nuova passione

(20) E. Gilson, *L'humanisme de saint Thomas d'Aquin* in *Atti del V Congresso internazionale di Filosofia,* Napoli, 1925. Cfr. del Gilson, *Moyen Age et Naturalisme antique,* in *Héloïse et Abélard,* Parigi, Vrin, 1938, p. 183 sgg. Queste idee riprende e sviluppa R. Montano, *Dante e il Rinascimento, op. cit.,* pp. 67-74.

(21) G. Toffanin, *Storia dell'umanesimo,* Napoli, 1933, p. 34 sgg.

(22) E. Gilson, *Humanisme médiéval et Renaissance,* in *Les idées et les lettres,* Parigi, Vrin, 1932, p. 173.

(23) E' interessante notare che alla fine dell'edizione del 1573 (Witenberga, edit. C. Schleich et A. Schöne) della *Rhetorica* di

per il pensiero greco falsamente interpretato dai traduttori, « sensim neglectae meliores disciplinae, eruditione Graeca excidimus, omnino pro bonis non bona doceri coepta » (24). In verità gli umanisti italiani non si erano avventurati sovente al di là delle semplici discussioni liguistiche e anche quando avevano polemizzato nel campo filosofico e teologico come il Valla delle *Dialecticae disputationes*, pur rivendicando in una certa misura la libertà del pensiero, non avevano osato toccare l'ortodossia cattolica. Per opera di Melantone invece, l'avversione che fino ad allora era apparsa semplicemente come una insensibilità letteraria, veniva spiegata come il tentativo fatto dagli scolastici per una completa indipendenza dal pensiero tradizionale cristiano. In questo modo i termini della discussione venivano completamente capovolti e direi quasi sconvolti. Superando i filosofi del sec. XIII, i riformatori si richiamavano ai Padri, proclamandosi loro eredi non solo per il pensiero ma anche per le tendenze letterarie e con questo tentativo affermavano di riprendere la tradizione di pensiero e di bello stile che il movimento scolastico aveva interrotto. La Rinascenza significava quindi il completo rinnovamento degli spiriti e delle forme con la riabilitazione tanto del vero spirito evangelico come della pura lingua latina.

Per tale ragione si può concludere che la modificazione fatta da Melantone allo schema storiografico degli umanisti italiani e francesi rivela in modo significativo il preciso orientamento dell'umanesimo tedesco che, per opera di uno dei suoi principali esponenti, veniva strettamente legato alla Riforma da cui traeva le sue principali idee direttrici.

Melantone, si trovano ripubblicate le note lettere di Pico della Mirandola e di Ermolao Barbaro sui « filosofi barbari » per indicare quanto il pensiero dell'umanista tedesco fosse vicino a quello degli italiani.

(24) Melantone, *op. cit.*, p. 16.

Capitolo quarto

LA COSCIENZA DELLA RINASCITA NEGLI UMANISTI FRANCESI

I. - *Necessità di studiare nella cultura umanistica francese il progressivo svilupparsi della coscienza della Rinascita.*

Dopo di aver dimostrato nei precedenti capitoli quanto diffusa fosse tra gli scrittori italiani e francesi la coscienza della Rinascita, credo utile al fine di maggiormente approfondire il problema, di illustrare il progressivo svilupparsi di questa concezione nella cultura francese, precisando per quali motivi si sia affermata e con quali opere abbia raggiunto la sua definitiva espressione.

Le testimonianze che servono alla dimostrazione sono numerose. Ma non tutte hanno il medesimo significato, pur essendo tutte esempio importante dell'entusiasmo tipico dell'epoca. Se unico è il concetto di una nuova età che si forma opponendosi in modo reciso a quella precedente e se rimane identica la formula usata per esprimerla, muta invece il significato particolare che si dà tanto al concetto quanto alla formula, secondo il problema storico contingente che gli studiosi sono chiamati a risolvere. Voglio dire che quando Gaguin come Budé come Peletier, in epoche differenti, inneggiano alle arti liberali nuovamente risorgenti e per esprimere cotesta loro soddisfacente costatazione parlano di una nuova luce che finalmente disperde le tenebre medievali, anche se tutti accennano al fatto storico generale che esprimono con la medesima formula, tuttavia in modo più particolare ciascuno si riferisce ad un problema specifico del momento storico in cui vive ed opera. Per questo, esaminando più attentamente i testi, ci si avvede che per « *rinascita* » Gaguin intende un fenomeno storico che non ha le caratteristiche di quello a cui accenna Budé, il quale a sua volta pensa in modo differente da Peletier du Mans. Ma la differenza che si osserva non è opposizione perché chiaramente appare come le diverse interpretazioni siano tra loro strettamente unite da un nesso logico che si scopre non essere altro che lo svolgimento stesso del movimento umanistico.

In cotesto svolgimento ci sono alcuni scrittori che, per avere intuito più nettamente il processo storico, offrono testimonianze precise che segnano le tappe di questa progressiva marcia verso una più ricca maturità culturale. Attorno a queste testimonianze fondamentali si radunano tutte le altre, meno chiarificatrici per mancanza di precisione e di intuizione ma non per questo prive di interesse. Le une e le altre si illuminano a vicenda, rivelando così il loro esatto significato storico. La rivelazione è di grande interesse perché occorre avere sempre indizi precisi a documentazione dei progressi compiuti per non essere sviati dagli elementi che per le influenze straniere, per i nuovi contributi della tipografia, per gli stessi sforzi di rinnovamento della cultura tradizionale, numerosi arricchiscono le vicende di quegli anni fortunosi.

Non possono destare stupore così numerose testimonianze di quella comune coscienza circa l'importanza della propria attività. Solo nei migliori scrittori esse rappresentavano una concezione storiografica, frutto di meditazione sulla storia delle letterature classiche e sulla loro varia vicenda nei secoli precedenti. Nei più, cotesta coscienza non era che certezza del significato spirituale di un insegnamento o del contributo effettivo di uno scritto. In tutti era entusiasmo per le novità che si proclamavano o per quelle che si credeva di proclamare; né mai vi furono rivoluzionari più inconsciamente legati alla tradizione.

Per altro, cotesto entusiasmo era tenuto vivo dal ricordo della personale esperienza che ogni studioso aveva fatto quando per rinnovare gli studi ed imporre le sue opere si era urtato contro difficoltà di ogni genere. Per questo le più alte espressioni d'ammirazione per la nuova età risorgente sono quasi sempre accompagnate dal ricordo delle opposizioni e delle incomprensioni che avevano reso difficile ogni attività culturale. Difficoltà che ai nostri occhi legittimano pienamente tanta ammirazione perché ci fanno apprezzare gli sforzi di quei nobili spiriti che non solo durante l'ultimo terzo del secolo XV ma per tutta la prima metà del Cinquecento, furono una minoranza che si voleva fare ascoltare in un ambiente indifferente quando non era contrario.

Mette conto rilevare che la descrizione, precisa nella sua severità, fatta da Erasmo della vita di studio al collegio di Montaigu (1) non è molto differente da quella tracciata venti anni dopo da Girolamo Aleandro circa l'università parigina (2) e valgono entrambe a darci una visione reale dell'ambiente in cui operavano tanto gli umanisti che si radunavano attorno a Gaguin quanto quelli che avevano a maestro Lefèvre d'Etaples. Né si può dire che qualche anno dopo la condizione generale degli studi fosse migliorata se dobbiamo credere ad un'altra testimonianza di Aleandro (3) che è del 1512, cioè quando le lettere greche erano finalmente tornate in onore nell'università di Parigi e le latine erano state già illustrate da due opere fondamentali di Budé. Ma si pensi che ancora Pierre Galland, accennando all'indifferenza degli studenti francesi per i nuovi studi, osservava con rammarico come la dottrina amabile ed elegante degli umanisti piacesse molto poco (4) e come in quegli stessi anni Ronsard giudicasse la sua generazione « ignorante de toute discipline » (5) e Buchanan scrivesse i suoi versi sulla « *Conditio docentium literas huma-*

(1) Erasmo, *Opus epistolarum, op. cit.*, vol. I, p. 202 (lettera ad Arnold de Bost). Cfr. *Erasmi Opera*, Basilea, 1540, tomo I, *Colloquia*, col. 806. Un'eco delle pessime condizioni del collegio nel *Gargantua*, cap. XXXVII, ediz. Boulenger, p. 131.

(2) Lettera di Aleandro ad Aldo Manuzio del 23 giugno 1508, in P. De Nolhac, *Les correspondants d'Alde Manuce*, Roma, 1888, pp. 65-69.

(3) Erasmo, *Opus epistolarum, op. cit.*, vol. I, p. 503. Sul medesimo tono vedi un'altra lettera di H. Glareanus ad Erasmo da Parigi del 1517 in *Opus epistolarum*, vol. III, p. 37.

(4) Pierre Galland, *Petri Castellani vita*, Parigi, 1674, in 4°, pp. 51-53.

(5) Ronsard, *Contre la jeunesse françoise corrompue* nel *Bocage* del 1550, in *Oeuvres complètes*, ediz. crit. Laumonier, vol. II, p. 189.

niores Lutetiae » (6) che neppure Du Bellay, pur tanto reazionario, credette opportuno tradurre per intiero (7).

Solo tenendo presente la vivace corrente antiumanistica si può avere un quadro esatto dello sviluppo della cultura francese di quel periodo, e comprendere i limiti veri di quel rinnovamento che, per essere stato voluto e proclamato dalle più elevate intelligenze che contasse in quel momento la Francia, non per questo fu meno contrastato nella sua lenta ma efficace divulgazione.

II. - *Gli umanisti del cenacolo di R. Gaguin riaffermano il concetto dell'unione della sapienza con l'eloquenza e fanno rifiorire lo studio della retorica (rinascita* = rinascita del vero testo classico).

Il testo più chiarificatore della particolare concezione sulla Rinascita manifestata dai rappresentanti del secondo cenacolo umanistico francese è la lettera che Robert Gaguin scrisse nel 1495 ad Erasmo per esprimere il suo favorevole giudizio sulla prima redazione manoscritta degli *Antibarbarorum libri* (8). Qui meglio che altrove si trova esposto in breve sintesi il programma che quegli studiosi si prefiggevano di svolgere per rinnovare in Francia gli studi letterari. Con maggiore entusiasmo Fichet inneggia nella *Rhetorica* (1471) alla sua opera di innovatore; con più chiara intuizione storica Tardif nel suo *Eloquentiae benedicendique scientiae Compendium* (1481) sdegna la barbarie medievale da cui si sente finalmente liberato; ma né l'uno né l'altro espongono con la precisione di Gaguin i propositi comuni a tutto il gruppo. Cotesta precisione man-

(6) Buchanan, *Opera omnia,* Lione, 1725, vol. II, p. 301 sgg.

(7) J. Du Bellay, *Oeuvres poétiques,* ediz. crit. Chamard, Parigi, 1919, vol. I, p. 190 sgg.

(8) R. Gaguin, *Epistolae et orationes,* ediz. Thuasne, Parigi. 1903, vol. II, pp. 9-13. Riassumo da questo particolare punto di vista, quanto sono venuto diffusamente illustrando nel mio lavoro su *Fichet retore ed umanista,* in « Memorie della R. Accademia delle Scienze di Torino », serie 2ª, tomo 69, parte II, Torino, 1939 e nell'altro su *Robert Gaguin ed il suo cenacolo umanistico, I:* 1473-1485, in « Aevum », luglio 1939, pp. 410-476.

ca pure nelle *Epistolae* di Charles Fernand, nel commento al *De remedio amoris* di Gilles de Delft, anche se tutti accennano, con la certezza di un fatto compiuto, al rinnovamento degli studi.

Per parte sua Gaguin spiega che la legge fondamentale da tutti riaffermata è l'unione della sapienza con l'eloquenza. Contro una tradizione ormai due volte secolare che disprezzava ogni attenzione stilistica, curandosi solamente di raggiungere nel modo più preciso la verità filosofica e teologica, l'umanista sostiene la necessità di abbellire con gli ornamenti preziosi di una bella e curata esposizione, così importante materia. « Eos solos, egli dice, in ore et fama hominum litteratorum versari qui cum sapientia eloquentiam junxerunt ». E continua ricordando le opposizioni all'attività degli umanisti del gruppo dei filosofi e dei teologi (« despicabile hominum genus ») i quali combattono quello che non conoscono e si rifiutano di conoscere. Costoro non sanno che gli umanisti non ad altro mirano se non a rinnovare quella « urbana et expedita elocutio » che essi ammirano tanto nei Padri della Chiesa. Perché adunque condannare nei propri contemporanei quello che viene approvato negli antichi? Alla domanda Gaguin risponde egli stesso riaffermando il proprio fondamentale concetto con il seguente efficace paragone: « Quantum enim muto balbus antecellit, tanto est quippiam disertus balbo et diserto eloquens prestantior ». Questa superiorità dell'*homo eloquens* che anche Tardif ripetutamente afferma, (9) è un argomento a cui quegli umanisti ricorrono sovente per sostenere l'armonica unione della filosofia con la retorica. Ma poiché per realizzarla è indispensabile una sicura padronanza della lingua latina, ecco l'invito a riprendere lo studio dei classici e ad abbandonare quei formulari « barbari » di cui si era sempre servita fino ad allora la tradizione scolastica. Formulari ricordati con sdegno da Lefèvre d'Etaples quali sofismi che impedivano la comprensione della verità filosofica, anche nel 1496 quando l'umanista scriveva: « A gotica enim illa dudum latinorum literis illata plaga, bonae litterae omnes nescio quod goticum pas-

(9) Tardif, *Eloquentiae benedicendique scientiae compendium*, in 4°, Parigi, 1481, prefazione.

sae sunt » (10), ripetendo e anticipando quello che Erasmo aveva scritto e stamperà negli *Antibarbarorum libri* (11).

Questi umanisti alla cui testa stava Gaguin, avevano capacità filosofiche mediocri; essi erano dei letterati o, se meglio piace, dei retori che credevano nelle possibilità del loro insegnamento avvalorato dagli esempi di Roma antica e dell'Italia contemporanea. Nella loro volontà di rinnovamento non vi era un primo moderno ripensamento della filosofia scolastica, perché di questa si professavano ed erano seguaci ubbidienti e fedeli. In egual modo manca nei loro tentativi qualunque preoccupazione riformista, perché i mali della Chiesa ed in genere della società civile e religiosa essi vedevano alla luce del pensiero ortodosso, tanto che lo stesso Fichet, così legato alla causa degli umanisti, non indugia a tralasciare la sua attività di letterato e di tipografo per la propaganda in favore della crociata contro i Turchi. Altrettanto errato sarebbe il credere che nel comune disprezzo per gli ignoranti teologi sia anche da sottintendere una minor considerazione della teologia mentre non è da vedere altro che un giustificato sdegno per il brutto latino in uso nelle scuole teologiche. La reazione, perciò, è puramente formale (12), voluta da letterati che se non intendono uscire dal campo di loro stretta competenza, pur tuttavia esigono che sia riconosciuta l'importanza che loro spetta nella generale ricostruzione della cultura. Questo, e non altro, è il loro effettivo programma,

(10) Lefèvre d'Etaples, *Artificiales introductiones*, Parigi, G. Marchand, 1496, in-4º.

(11) R. Pfeiffer, *Die Wandlungen der « Antibarbari »*, in « Gedenkschrift zum 400. Todestage des Erasmus von Rotterdam », Basilea, 1936, pp. 50-68.

(12) Si può sottoscrivere anche per quanto riguarda l'umanesimo francese, almeno in questo primo momento, l'affermazione di E. Garin, *Aristotelismo e platonismo del Rinascimento*, in « La Rinascita », 1939, p. 649: « Contro i quali (averroisti) come contro gli aristotelici in genere, la reazione fu piuttosto formale e letteraria che non filosofica e non senza qualche spunto apologetico o addirittura nazionalistico in nome della classicità grecoromana, fattasi cristiana e cattolica contro la barbarie araba ». Nuovi contributi, atti a precisare queste caratteristiche, sono stati forniti dalla notevole opera di A. Combes, *Jean de Montreuil et le chancelier Gerson. Contribution à l'histoire des rapports de l'humanisme et de la théologie en France au début du XVᵉ siècle*, Parigi, Vrin, 1942.

ma quanto fosse innovatore è facile comprendere da chiunque rifletta sulle condizioni dell'ambiente universitario parigino negli ultimi decenni del Quattrocento.

Per la loro opera gli umanisti trovarono un valido aiuto nella tipografia che fu una parte fondamentale della loro attività, perché di quella si giovarono per diffondere i nuovi manuali di grammatica e di stilistica latina che sostituirono quelli vecchi, rimasti immutati da secoli e quindi oggetto delle più severe condanne. Questa fu veramente effettiva opera rinnovatrice; con essa gli umanisti incominciarono a diffondere nella scuola l'attenzione per il bello stile ed il gusto per i migliori scrittori latini, finalmente riletti con preoccupazioni letterarie, ristudiati come esempi a cui affidarsi con piena fiducia e sicuro amore.

Un indirizzo non meno fruttuoso e logicamente dedotto dal concetto dell'unione dell'eloquenza con la sapienza filosofica, essi intrapresero a sviluppare quando, tra i vantaggi di questo rinnovamento letterario, additarono quello di poter finalmente scrivere la storia delle proprie vicende nazionali che dall'universalità del latino avrebbero appunto acquistato fama universale. E lo stesso Gaguin per primo realizzò questo programma dando alla propria letteratura quel *De Francorum origine et gestis compendium* che tuttavia non si allontana ancora dalla cronaca per assurgere alla generale visione storica. Ma esso rappresenta un lodevole tentativo che per molti anni resterà senza seguito onde i re di Francia dovranno ricorrere agli storiografi stranieri e più propriamente italiani, come quel Paolo Emilio a cui Gaguin desiderava succedere e con il quale polemizzò non tanto forse per risentimento personale quanto per desiderio di affermare, anche in quel campo, la tendenza nazionale del proprio programma umanistico.

L'importanza e i limiti di questa concezione della Rinascita meglio che altrove si comprendono nell'ammirazione che gli umanisti del secondo cenacolo dedicarono alla poesia di Battista Mantovano. Per merito di questo letterato essi trovavano realizzato in poesia l'ideale artistico che si prefiggevano di raggiungere in tutti i campi della cultura. Il Mantovano aveva per loro il grande merito di aver ripreso poeticamente tutta la materia religiosa che formava parte viva della loro cultura, e di averla rinnovata per opera di una più abile conoscenza della lingua latina. Frequentemente nelle opere di quegli umanisti si leggono accenni ed elogi per il Mantovano che viene stimato il migliore dei poeti di quel periodo. Giudizio così diffuso che lo ripeteva anche Josse Bade nel 1499, quando nella prefazione ad un commento della *Parthenice Mariana* scriveva: « Quo circa cum hic ille sit quem saeculo octaviano tot vatibus superbo objicere possumus et quo *mille abhinc annos* neminem aut pulchrius aut dulcius poema scripsisse merito censueris » (13); giudizio che Erasmo non muterà neppure nel *Ciceronianus* dove il Mantovano è preferito al Pontano ed anche al Sannazaro del *De Partu Virginis* (14). Questa preferenza è quella stessa per la quale Lefèvre d'Etaples consiglierà di tenere lontani i giovani dalle poesie di Catullo e dai suoi morbidi incanti, (15) mentre inviterà caldamente i poeti a cantare le lodi della Vergine. « Sed Christianis, egli dice, aliena non sunt exempla quaerenda cum Deus ex alto in gremium descenderit almae Virginis et ad Virginem totam suam spem et sua tota vota convertant » (16).

Tali giudizi e tali tendenze derivavano da un'unica concezione che è comune a tutti quegli umanisti. Erasmo che in quel periodo, per essere vissuto a Parigi alcuni anni (1495-1499), aveva avuto amichevoli rapporti con i principali rappresentanti del movimento e specialmente con Gaguin, tanto che lo si può considerare a buon diritto uno

(13) *Parthenice Mariana F. Baptistae Mantuani ab Iodoco Badio Ascensio familiariter explanata, venundatur Parisiis in Leone Argenteo vici sancti Iacobi,* 1499. Cfr. Renouard, *Bibliographie de Josse Bade,* Parigi, 1907, vol. II, p. 102; G. Ellinger, *Italien und der deutsche Humanismus in der neulateinischen Lyrik,* Berlino, 1929, p. 105 sgg. Furono molto popolari in Francia anche le *Egloghe* del Mantovano: cfr. la prefazione di W. P. Mustard alla sua edizione, Baltimora, 1911.

(14) Erasmo, *Ciceronianus,* in *Opera,* Basilea, 1540, tomo I, 1019-1020. Cfr. B. Croce, *Erasmo e gli umanisti napoletani,* in « Gedenkschrift zum 400. Todestage des Erasmus von Rotterdam », *op. cit.,* pp. 89-97.

(15) Lefèvre d'Etaples, *Decem librorum moralium Aristotelis,* Parigi, Higman e Hopyl, 1497, libro II, c. I: « Procul enim ab ipsis (iuvenibus) sint exempla Catulli, procul molles cupidines, molles arcus mollesque pharetrae molles elegiae, epigrammata et lenonum comediae et omnis ea lectura ad quam severus Cato minime suos admitteret liberos ».

(16) Lefèvre d'Etaples, *op. cit.,* libro III, c. 10.

dei membri del secondo cenacolo, interpretò il pensiero comune nella prefazione scritta alle poesie di Guglielmo Herman (1496). Qui Battista Mantovano viene paragonato senza il minimo indugio a Virgilio (« mihi non alio iure Christianus Maro videtur appellandus ») e questo, proprio secondo il giudizio dato da Gaguin il quale, a tale proposito, viene richiamato quasi a garanzia. I poeti di tendenze pagane sono condannati perché dimenticando la loro educazione cristiana (« tamquam non sponte sint Christiani ») seguono con eccessivo abbandono i classici antichi come perseguissero un inutile sogno di gloria oppure un altrettanto vano desiderio di passionalità. Comunque, osserva Erasmo, non per tale via deve procedere la nuova poesia ma su quella additata da Ambrogio, Prudenzio, Davide e Salomone (17). E' chiaro adunque che quando questi umanisti accennano alla rinascita della poesia, intendono la rinascita dei modi classici adattati alla materia religiosa.

Da questo tipico esempio si può comprendere che cosa gli umanisti del secondo cenacolo intendessero quando in modo più generale accennavano ad una nuova « rinascita ». Questa ai loro occhi significava non altro che il ritorno al perfetto stile latino quale con semplicità di costrutti e pu-

(17) Erasmo, *Opus epistolarum, op. cit.*, vol. I, n. 49, pp. 160-164. Erasmo dice testualmente: « Quare recentioribus his poetis atque adeo christianis, subirasci mecum interdum soleo quod in deligendis sibi archetypis Catullum, Tibullum, Propercium, Nasonem quam divum Ambrosium, quam Paulum Nolanum, quam Prudentium, quam Iuvencum, quam Mosen, quam David, quam Salomonem sibi proponere malint tanquam non sponte sint Christiani ». Giova osservare in questo testo il richiamo ai poeti biblici come ad autori da preferire ai classici perché questa idea, che si troverà ripetuta da altri scrittori del Cinquecento, trova negli umanisti del secondo cenacolo dei validi assertori. Marot nella prefazione alla sua introduzione dei *Salmi* dirà di preferire Davide ad Orazio (*Oeuvres*, ediz. Grenier, Vol. II, p. 306) e Muret (*Opera*, Veronae, 1727, Vol. I, p. 8) nell'orazione *De dignitate ac praestantia studii Theologici* tenuta a Parigi nel 1552 osserverà: « Nam sive poeticis modulationibus aures demulcere meditamur, quis unquam ita in hoc genere excelluit ut cum Davide comparatus non sordeat? Nisi forte Orpheum, Homerum, Pindarum, de levissimis plerumque nugis verba fundentes audire praestat quam illum Deo acceptissimum regem... ». Si badi che Muret affermava un simile giudizio proprio nel periodo in cui commentava *Les Amours* di Ronsard. Cfr. F. Simone, *L'avviamento poetico di Pierre de Ronsard*, Firenze, 1942, p. 11 sgg.

rezza di lingua era stato innalzato a duttile strumento letterario dai maggiori scrittori classici (18). Con la loro riforma essi si illudevano, poiché una semplice illusione era cotesta, di potere ancora una volta rivestire il mondo culturale in cui scrivevano ed insegnavano, di un perfetto paludamento classico. Questo intendeva Fichet quando si vantava di aver unito per primo a Parigi la retorica con la teologia; questo intendeva Tardif quando diceva di aver riportato in Francia la vera lingua latina; ed ancora a questo accennava Gaguin quando constatava la rovina prodotta nello stile latino dai manuali scolastici rozzamente composti. E tutti quanti infine non riconoscevano altro quando ammiravano Marsilio Ficino e Pico della Mirandola che ad essi, non sicuri di comprenderli nella originalità del loro tentativo filosofico, apparivano quali abili artefici capaci di far rivivere col pensiero cristiano l'arte di Platone (19).

Tanto profonda era la convinzione letteraria di quegli studiosi da giudicare felice tutto un secolo perché in esso finalmente il bello stile latino era tornato in onore. Onde nel 1496 Gaguin scriveva a Guglielmo Herman: « Gratulari propterea non segniter debemus seculi huius felicitati in quo, tametsi alia multa interierunt, excitantur nichilominus plurimorum ingenia rapere cum Prometheo a cele-

(18) Cfr. A. Tilley, *The Dawn of the French Renaissance,* Cambridge, 1918, cap. XVI: *The study of Latin,* p. 188 sgg.

(19) Gaguin, *Epistolae et orationes,* ediz. Thuasne, Vol. II, p. 21, lettera a M. Ficino: « Testes tuorum meritorum sunt illis (gli studenti parigini) praeclari labores tui, quos ut Platonem latinum redderes desumpsisti; auget gloriam tuam Plotinus ex schola Platonis latinus a te factus ». Cfr. A. Renaudet, *Études érasmiennes,* Parigi, Droz, 1939, p. 130: « La philosophie savante, poétique et religieuse de Marsile Ficin et de Pic de la Mirandole répondait sans doute à quelques aspirations confuses du XVe siècle finissant, puisqu'elle émut l'Italie, les Pays-Bas, l'Allemagne, l'Angleterre et la France ». Tuttavia dell'influenza sul secondo cenacolo non si può per ora sapere di più di quanto dice Gaguin. Cfr. W. Mönch, *Die italienische Platon Renaissance und ihre Bedeutung für Frankreichs Literatur und Geistesgeschichte,* Berlino, Ebering, 1936, p. 184 sgg.; A. Tilley, *op. cit.,* p. 194. Nessun nuovo testo aggiunge il Festugière nella sua riedizione (Parigi, Vrin, 1941) della memoria stampata a Coimbra nel 1923 col titolo: *La philosophie de l'amour de Marsile Ficin et son influence sur la littérature française au XVIe siècle*; cfr. Cap. IV, pp. 62-63. Cfr. E. Garin in *La Rinascita,* 1942, n. 25, pp. 307-310.

stibus *splendidum sapientiae lumen* » (20). Ma quegli studiosi non supponevano quante intelligenze e quanti cuori avrebbe infiammato quella fiaccola della sapienza che essi credevano di avere per primi nuovamente rapito agli Dei.

III. - *Nei primi quindici anni del Cinquecento gli umanisti affermano nello studio dei classici un nuovo metodo critico. L'opera filologica di Lefèvre d'Etaples si indirizza ai testi filosofici; quella di Budé ai testi giuridici; quella di Erasmo ai testi sacri* (rinascita = rinascita del vero testo classico).

Nel febbraio del 1517 Erasmo, scrivendo a Fabrizio Capitone in uno di quei felici momenti che gli procurava talvolta il rapido entusiasmo caratteristico della sua intelligenza, tracciava un ottimistico panorama della cultura europea che è tutto un inno alla nuova età. Le notizie che gli giungevano da ogni parte circa il rifiorire degli studi erano così confortanti che l'umanista, giunto sulla cinquantina si rammaricava di non poter ringiovanire per meglio godere del secolo d'oro che da numerosi indizi si annunziava (21).

Leone X che dall'alto della cattedra romana si era sforzato di portare la pace negli animi ancora turbati dalle guerre, era la migliore garanzia per la durata della pace stessa. In Francia Francesco I, degno del titolo di re cristianissimo, con tutte le sue energie difendeva la vera religione contro i perturbatori e dettava buone leggi, regolava i costumi, favoriva le arti liberali. Come il re francese così Carlo V, Enrico VIII, Massimiliano d'Austria garantivano con la loro buona volontà il benessere e la felicità dei loro popoli. La guerra e le discordie potevano dirsi definitivamente allontanate, tanto da essere legittima la speranza che non solo la religione ne avrebbe tratto efficaci vantaggi ma anche gli studi (« ut non solum probi mores pietasque christiana, verum etiam purgatiores illae

(20) Gaguin, *op. cit.*, vol. II, p. 26.
(21) Erasmo, *Opus epistolarum*, *op. cit.*, vol. II, p. 487 sgg.

ac germanae literae ac pulcherrimae disciplinae partim *reviviscant* partim *enitescant* »). Per le sorti della rinascita letteraria Erasmo non nutriva dubbi poiché sapeva quanto nelle loro proprie nazioni avessero fatto e facessero i principali studiosi che ora avevano trovato difensori e mecenati nei loro stessi governanti. Leone X a Roma, il card. Ximenes in Spagna, Enrico VIII in Inghilterra, Francesco I in Francia (« qui premiis etiam amplissimis invitat et allicit undecunque viros virtute doctrinaque praecellentes ») Carlo V (« divinae cuiusdam indolis adolescens ») ed i più importanti principi tedeschi con tanto amore si occupavano delle sorti della nuova cultura europea da poter concludere che mai gli studiosi avevano trovato migliori condizioni per sviluppare liberamente e completamente le loro doti artistiche e intellettuali («Horum igitur pietati debemus quod passim videmus ceu signo dato excitari erigique praeclara ingenia et ad *restituendas optimas literas* inter sese conspirare »). Infatti, osserva ancora Erasmo, gli studiosi con tanta passione si sono messi all'opera da assicurare nel modo più certo che tutte le discipline avrebbero fatto ottimi progressi (« disciplinas omneis multo purgatiores ac synceriores *in lucem prodituras* »). Le lettere ormai erano studiate persino dagli scozzesi e dagli spagnoli; molti si applicavano alla medicina come a Roma Nicola Leoniceno ed a Parigi Guglielmo Cop. Il diritto era riportato in onore da Budé e da Zasio (22); a Basilea Enrico Glareano studiava le matematiche. E finalmente anche la teologia, pur essendo la disciplina più tradizionalista, si rinnovava per opera di Lefèvre d'Etaples e di Erasmo stesso. Un solo dubbio tra tante consolanti constatazioni tormentavano l'umanista pensoso dei destini delle lettere: « Unus adhuc scrupulus

(22) Era concezione corrente nel Cinquecento unire insieme in un triumvirato tre umanisti che con la loro attività avevano cooperato alla rinascita delle opere dei giuristi classici. Si diceva che Alciato aveva fatto in Italia quello che Budé aveva fatto in Francia e Zasio in Germania. Per altro Alciato insegnò pure in Francia e precisamente a Bourges dal 1529 al 1533; ma non era in buon accordo con Budé. Cfr. P. E. Viard, *André Alciat,* Parigi, 1926; V. Cian, *Lettere inedite di Andrea Alciato a Pietro Bembo,* Milano, 1890, dove vi sono alcune lettere scritte durante la residenza a Bourges. Cfr. A. Tilley, *op. cit.,* cap. IX: *Humanism in the Province,* pp. 311-312.

habet animum meum ne sub obtextu *priscae literaturae renascentis* caput erigere conetur paganismus » (23). Ma anche questo dubbio era un elemento importante per la esattezza del panorama della cultura europea quale solo un Erasmo in quel periodo poteva sintetizzare e descrivere.

Di fronte a questo quadro dai colori precisi e ben definiti pare a me più che legittimo domandare in che cosa consista la differenza che si nota tra la concezione che qui viene chiaramente affermata e quella che gli umanisti del secondo cenacolo avevano sostenuto con non minor entusiasmo trent'anni prima. Poiché non credo che sia sufficiente risposta indicare il tempo trascorso tra l'una e l'altra concezione, e neppure convincerebbe il richiamo alla più elevata statura intellettuale di Erasmo.

La visione più ampia e più matura che qui si constata deriva dal fatto che appunto in quei primi anni del nuovo secolo gli umanisti avevano maggiormente approfondito il problema letterario che Gaguin ed i suoi compagni avevano per proprio conto risolto. E fra i primi si era posto Erasmo, il cui passaggio dalla mentalità del letterato che aveva pensato gli *Antibarbarorum libri* a quella che dirigerà l'edizione critica del *Nuovo Testamento* fu graduale e logico e del tutto simile all'evoluzione intellettuale di tutti gli umanisti francesi che per essere allora sotto la sua diretta influenza, non potevano che seguire da vicino così illustre iniziatore e maestro. Nell'approfondimento adunque del problema risolto dal secondo cenacolo, i continuatori si erano trovati di fronte a nuove esigenze logicamente dedotte da quello e come quello richiedenti una inderogabile soluzione. La necessità di purificare la lingua latina aveva condotto gli umanisti a rinnovare i manuali scolastici e quindi, in un secondo tempo, ad offrire testi classici da cui gli studenti e quanti si interessavano al rinnovamento stilistico potessero trarre esempio e regola. Ma quali testi classici offrire se tutti quanti erano offuscati nella loro bellezza dai commenti e dalle interpretazioni medievali per non dire di quelli che la tradizione manoscritta aveva deformato e reso irriconoscibili? Fu necessario adunque che gli umanisti intraprendessero una prima e fondamentale opera di revisione critica dei testi clas-

(23) Erasmo, *op. cit.*, p. 491, 133-135.

sici onde pubblicare le opere degli scrittori latini con quella esattezza che il loro gusto e la loro preparazione erudita richiedevano. Una esigenza richiamava l'altra e si ripeteva adunque anche in Francia quanto per tutto il secolo XV avevano fatto gli umanisti italiani, tanto che il nome di Lorenzo Valla, anche al di là delle Alpi, risuonò per tutti come invito alla ripresa attiva e feconda dei metodi filologici (24). Gli studiosi francesi divennero editori e proprio in quei primi anni del secolo XVI non di altro si occuparono se non di pubblicare integralmente quante più potevano opere classiche. Onde nel periodo che corre dall'attività di Josse Bade giunto a Parigi nel 1497 a quella di Erasmo degli anni 1516-1518, l'umanesimo francese trae principale caratteristica proprio da questa opera filologica.

Le prefazioni che Josse Bade fa precedere a tutte le opere che escono della sua officina tipografica, ripetono con significativa monotonia la sua preoccupazione di pubblicare i classici con precisione testuale. Il valente tipografo non dimentica mai di far sapere al lettore con quanta cura abbia collazionato tutti i codici a lui noti, e con quanta attenzione abbia riprodotto quello maggiormente degno. Pubblicando già nel 1492 le sue *Sylvae Morales* con lo scopo di offrire delle regole morali giovevoli alla formazione spirituale dello studioso, egli si richiamava a Catone quasi per garantire « eas leges vivendi quas laudatissimas olim iam multa saecula habent ». Ma della sua raccolta vantava pure con speciale cura l'eleganza e la purezza dello stile, tanto che citando Lorenzo Valla, diceva « mille annis elegantius aut doctius scriptum nihil est ». Tuttavia tale riconoscimento non andava disgiunto dal dolore che commenti inutili e rozzi avessero offuscato tanta bellezza e l'umanista apertamente soggiungeva: « Quocirca solemus iniquo animo pati tam inepta glosemata super tam aurea dicta contorqueri... » (25). Quando a Parigi giunse Aleandro, si trovò egli pure nelle medesime necessità dei colleghi francesi ed a sua volta dovette trasformarsi in editore di quei

(24) E' noto infatti che tutte le volte che gli umanisti si vorranno richiamare all'iniziatore del loro movimento filologico faranno quasi sempre il nome di Lorenzo Valla, meno frequentemente quello del Petrarca.

(25) Renouard, *Bibliographie de Josse Bade, op. cit.*, vol. II, p. 71.

testi di cui sentiva maggiormente la necessità. Né mancarono di giungere le lamentele per tale situazione fino agli amici italiani a cui richiedeva sempre e soltanto libri (26). Pubblicando nel 1508 presso Gilles de Gourmont tre opuscoli di Plutarco, nella prefazione chiaramente denunziava la mancanza dei testi classici (27). Questa si faceva principalmente sentire nel campo greco ed ebraico dove nessuno ancora lo aveva validamente preceduto, come invece era avvenuto nel campo latino. Ancora nel 1511, Aleandro curava presso Josse Bade una edizione di Ausonio per la quale Michele Hummelberg scriveva la prefazione in cui lodava il maestro italiano perché i numerosi codici da lui ricercati erano pieni di errori e solo un valente correttore quale era Aleandro poteva assumersi l'incarico di correggerli (28). Questo merito riconosceva nel 1513 ancora lo stesso Josse Bade in una nuova prefazione ad un'altra edizione di Ausonio in cui, rivolgendosi alla gioventù studiosa, additava Aleandro alla gratitudine di tutti gli umanisti perché con la sua paziente opera aveva saputo strappare le tenebre che circondavano l'opera del poeta per ridargli la grazia per cui nell'antichità era giustamente ammirato (29).

Se Josse Bade e quanti lavoravano attorno a lui in quegli anni si preoccupavano in modo speciale della revisione dei testi classici di carattere letterario, Lefèvre d'Etaples (30) ed i suoi allievi, primo fra tutti Jean Clichtowe, seguendo la loro particolare tendenza, si volgevano al

(26) J. Paquier, *Humanisme et Réforme. Jérôme Aléandre (1480-1529)*, Parigi, 1900, p. 70.

(27) H. Omont, *Essai sur les débuts de la typographie grecque à Paris (1507-1516)* in « Mémoires de Société de l'Histoire de Paris et de l'Ile-de-France », 1891, p. 23.

(28) J. Paquier, *op. cit.*, p. 37. Cfr. A. Horawitz, *Michael Hummelberg*, Berlino, 1873, p. 16.

(29) J. Paquier, *op. cit.*, p. 73.

(30) R. H. Graf, *Jacobus Faber Stapulensis: ein Beitrag zur Geschichte der Reformation in Frankreich* in « Zeitschrift für die historische Theologie », 1852; Id., *Essai sur la vie et les écrits de Jacques Lefèvre d'Etaples*, Strasburgo, 1842. Cfr. « Revue Historique », XII, 1880, p. 123. Cfr. Jeanbarnaud, *Jacques Lefèvre d'Etaples*, in « Etudes théologiques et religieuses, Revue publiée par la Faculté libre de théologie protestante de Montpellier », gennaio 1936, pp. 3-29. Cfr. Tilley, *op. cit.*, cap. VII, p. 233 sgg.

campo filosofico. L'opera umanistica di Lefèvre è per buona parte occupata da questa meritoria fatica editoriale ond'egli si propose di ristampare Aristotele libero dai commenti di cui i filosofi scolastici lo avevano oberato per presentarlo nell'esattezza del suo testo primitivo. Nella *Paraphrasis in Aristotelis octo physicos libros* (31) (1493) è stato giustamente notato (32) che Lefèvre manifesta un bisogno nuovo di precisione per arrivare a spiegare Aristotele soltanto con le sue stesse parole e con l'aiuto delle idee fondamentali al suo sistema. Nel prologo ai libri aristotelici sulla fisica (33) egli dichiarava tutto il suo amore per Aristotele quale appariva nella sua vera natura a chi si avvicinava direttamente senza intermediari alla sua opera. « Ea enim, egli diceva, benevolentia Peripateticos prosequor omnes et praesertim summum Aristotelem omnium vere philosophantium ducem ut si quid ex illorum disciplinis deprompserim quod utile, pulchrum sanctumque putem, id omnibus communicatum esse velim quo omnes una mecum ipsorum rapiantur amore ipsosque digna veneratione prosequantur et ament » (34). Clichtowe, suo affezionato discepolo, aggiungendo, parecchi anni più tardi, degli *scolia* per illustrare i passi più oscuri del commento del maestro, si rivolgeva al cancelliere dell'università parigina per dire come egli non tenesse in nessun conto l'opera dei commentatori medievali e quanto invece ammirasse il metodo critico di Lefèvre. Accennando ai primi egli diceva: « Enimvero solent haec ratiuncularum contra scientiarum veritatem pugnantium commenta non ad amplectandam earum

(31) Jacobi Fabri Stapulensis, *Peripateticae disciplinae indagatoris solertissimi in quoscumque Philosophiae naturalis libros Paraphrasis cui ad maiorem studiosorum commoditaten scolia Iudoci Clichtowei adscripta sunt,* Parisiis apud Franciscum Regnault, 1525.

(32) A. Renaudet, *Préréforme et humanisme à Paris pendant les premières guerres d'Italie,* Parigi, Champion, 1916, p. 133.

(33) A. Tilley, *op. cit.*, p. 370 sgg.: *Appendix to Chapter VII: Bibliography of the first editions of Lefèvre's Works on Aristotle and the other subjects of the Arts course at Paris.*

(34) Lefèvre d'Etaples, *op. cit.*, *Prologus in physicos libros Aristotelis,* cfr. foglio CCLV. *Praefatio in commentariolos introductorios metaphysices Aristotelis* (a Germain de Ganay). Qui Lefèvre manifesta tutta la sua umanistica ammirazione per la filosofia e per gli antichi suoi cultori « quos suo tempore fecit Deus suos sacerdotes, suos vates et faces quod ad tempora nostra lucent ».

certitudinem synceritatemque conducere sed ab ea detorquere potius et ad captiunculas quasdam sophisticas prolabi, nihil cum vera doctrina commerci habentes ». Il metodo di Lefèvre, e di conseguenza anche quello di Clichtowe, non voleva essere un ostacolo alla comprensione del testo. « Dissolventur quidem, aggiungeva l'umanista, in adiectis scholiis nonnunquam quaestiones pro rei materia occurrentes ac agitari dignae *non tamen modo barbaro insulso et crasso* quo nostra tempestate in disciplinis moveri conspiciuntur ac deprehenduntur ». Dedicando quindi la sua opera al cancelliere dell'università egli sapeva di offrire un contributo alla rinascita (« par est utique bonas literas tuis auspiciis *in lucem prodire,* propagari in caeteros atque transfundi »). E quale valido sostenitore del rifiorire degli studi che si sarebbero grandemente giovati della pubblicazione esatta delle opere del filosofo greco lo riconosceva lo stesso Clichtowe scrivendo: « Siquidem nullius authoritate potius fulcientur et robur assument *nitidiores authorum disciplinae* quam eius qui patronus literarum et pater institutus est quem tota Parisiensis academia ut vindicem et tutorem rei literariae suspicit ot observat » (35).

L'opera di Lefèvre, per la sua importanza e per la sua audacia, aveva riscosso l'ammirazione di tutti quanti si interessavano agli studi filosofici. Onde Francesco Patrizio nel libro XI delle sue *Discussionum Peripateticarum,* dopo aver diviso in varie epoche gli studiosi di Aristotele e le

(35) Lefèvre d'Etaples, *op. cit.,* Epistola di Clichtowe a Lodovico Pinel. Quale amore avesse Lefèvre per la ricerca erudita dei codici antichi lo possono dimostrare queste sue due notizie. Nell'*Apologia quia vetus interpretatio epistolarum Beatissimi Pauli quae passim legitur non sit translatio Hieronymi* (ediz. delle *Epistolae* di S. Paolo commentate da Lefèvre, Parigi, H. Estienne, 1512, in-foglio) racconta l'umanista: « Illum tamen librum Iob in uno loco ubi vetusta in acervum nullo ordine coniecta volumina annosa conficiebat caries comperi, quem compertum protinus comiti meo Ioanni Solido qui Polonus e Cracovia ad nostra studia venerat mihi quidem imprimis amicissimo et ad scribendum promptissimo iuveni commisi transcribendum ». Nella prefazione a Briçonnet delle *Contemplationes Idiotae de amore divino* (Parisiis, apud Ioannem Bignon, 1538) dice ancora: « Nam coenobiis aliquot et oratoriis sanctorum Victorum perlustratis tandem in manus nostras incidere contemplatorii libelli cuiusdam pii ac sancti viri qui se non alio quam Idiotae nomine prodit quos illico typis nostris informandos commisi ».

loro differenti interpretazioni, metteva a capo di un nuovo periodo importante per lo studio della dottrina aristotelica proprio Lefèvre d'Etaples « qui primus philosophiam ex infinitis quaestionibus eximere est conatus » (36). E quindi meglio spiegava questa riconosciuta priorità dicendo: « Primus in Galiis Ion. Faber Stapulensis, in Italia vero Patavii Franciscus Caballus et post eum Nicolaus Leonicus eiusmodi philosophandi rationem neglexerunt, Aristotelem graece, graecosque Aristotelis interpretes in scholas induxerunt » (37). Riconoscimento che già era stato fatto chiaramente da Scèvole de Sainte-Marthe quando, tessendo l'elogio del nostro umanista, metteva in risalto i suoi meriti di iniziatore nel campo della critica dei testi filosofici, osservando come egli, spinto dall'esempio e dalla emulazione di quanto avevano fatto gli italiani, si fosse formato una cultura ed una preparazione filologica tanto da essere maestro non solo con l'insegnamento (« non voce tantum et praelectionibus ») ma anche con l'attività editoriale (« verum et scriptis quibus ad universam Aristotelis doctrinam matheseosque partes omnes planum et facilem posteris aditum patefecit ») (38).

Identico era lo scopo che si prefiggeva Budé nel campo giuridico. Le sue *Annotationes in Pandectas* (1508) non miravano ad altro se non a detergere i testi della giurisprudenza classica dalla barbarie medievale. In quell'opera l'umanista ad ogni passo dimostra la sua preoccupazione di riferirsi il più possibile nella lettura dei classici ai manoscritti che gli erano accessibili. E per quanto il carattere stesso del suo lavoro non lo richiedesse, cercava di pre-

(36) Francesco Patrizio, *Discussionum Peripateticarum,* Basilea, 1581, p. 146.

(37) Francesco Patrizio, *op. cit.,* p. 163. Cfr. A. Corsano, *Il pensiero di Giordano Bruno,* Firenze, Sansoni, 1940, p. 8.

(38) Scèvole de Sainte-Marthe, *Virorum doctrina illustrium qui hoc saeculo in Gallia floruerunt Elogia,* Augostoriti Pictonum, ex officina Io. Blauceti, 1598, p. 1. L'attività di Lefèvre come editore fu varia e molteplice poiché egli mirava ad offrire numerosi testi di studio ai giovani scolari. Pubblicò pure un trattato musicale. Cfr. Iacobi Fabri Stapulensis, *Elementa musicalia,* in *Musica libris quatuor demonstrata.* Parisiis, apud Gulielmum Cavellat, 1551. Nella prefazione enumera numerosi musici dell'antichità e quindi tesse l'elogio dei suoi due maestri nell'arte musicale, Jacques Labin e Jacques Turbelin.

parare la via ai nuovi filologi quando questi avessero rivolto la loro attenzione allo studio critico dei testi della giurisprudenza classica. Dalle sue stesse affermazioni sappiamo che durante la compilazione del lavoro, egli teneva sottomano un manoscritto di Plinio il Vecchio e che consultava per le opere di Plinio il Giovane un manoscritto scoperto da Fra Giocondo e che per il *Nuovo Testamento* si rivolgeva al manoscritto conservato nella biblioteca dell'Abbazia di Saint-Victor (39). L'umanista si preoccupava con straordinaria cura di scoprire le corruzioni del testo originale e dimostrava un acume raro per quei tempi nel correggere, nell'interpretare, nel ripristinare il testo antico. Di passaggio per Firenze, durante il suo viaggio in Italia, aveva scorso il celebre manoscritto delle *Pandette* pisane ed aveva letto in casa di Pietro Ricci le annotazioni fatte dal Poliziano (40). In tal modo egli affermava l'importanza della tradizione manoscritta e maggiormente constatava quanti errori si fossero venuti aggiungendo al testo originale e come fosse necessario segnalarli onde evitarli.

In una di quelle digressioni che sono una caratteristica delle sue opere, Budé si domandava: « Quae est igitur ista tanta in hominibus perversitas ut cum lautam atque elegantem utendi fruendique iuris supellectilem habeant, latinam illam ab Ulpiano, Paulo, Iuliano reliquisque eiusdem notae iurisconsultis relictam, librariorum legentiumque inscitia aerugine infestatam, eam ut aeruginem abstergeri nolint, sordida etiam *supellectili hac gotica et barbara* uti malint? » (41). Codesta tendenza di preferire volontariamente il male al bene era per lo meno singolare e tale da

(39) L. Delaruelle, *Etude sur l'humanisme français: Guillaume Budé. Les origines, les débuts, les idées maîtresses,* Parigi, Champion, 1907, pp. 106-107. Cfr. J. Plattard, *Guillaume Budé et les origines de l'humanisme français,* Parigi, 1923. Segnalo agli studiosi il trattato inedito di Budé, *De canonica sodalitate* (1533) che nel 1907 L. Dorez diceva di aver studiato in un lavoro dal titolo: *Les idées politiques et religieuses de Guillaume Budé.* Non mi risulta sia stato pubblicato. Cfr. E. De Budé, *Vie de Guillaume Budé,* Parigi, 1884. D. Rebitté, *Guillaume Budé, restaurateur des études grecques en France, Essai historique,* Parigi, Joubert, 1846.

(40) C. di Pierro, *Zibaldoni autografi di Angelo Poliziano inediti,* in « Giornale storico della lett. italiana », 1910, fasc. 163, pp. 1-32.

(41) Budé, *Annotationes in Pandectas,* Lione, 1524, foglio x.

far pensare che quei giuristi per qualche incantamento degno di Circe, preferissero mangiare ghiande invece di cibi sani. Proprio nel secolo in cui finalmente era stata richiamata in onore la lingua latina, costoro preferivano la lingua dei barbari, « romanum sermonem respuunt, homines certe palati corruptissimi quamquam plerique palatini ». E più innanzi nel suo trattato, a proposito di un richiamo a Quintiliano, Budé nuovamente si accendeva di sdegno nel sentire che al retore romano gli veniva opposto Accursio, uomo che non aveva mai letto i classici e che aveva un merito solo, quello di aver macchiato con la sua ignoranza l'eleganza dei giureconsulti romani (« quorum elegantiam ac doctrinam permultis luculentisque vestigiis ignorantiae suae impressit »); onde per colpa sua quella antica bellezza era stata nascosta con errori durati per tre secoli (« iisdem erroribus, aliis atque aliis aetatibus subscribens, trecentis circiter annis ad extremum indignitatis perduxisse rem videtur ») (42).

Dell'importanza di questa sua attività Budé era più che mai cosciente. Nel 1517 Cutberto Tunstall gli scriveva dicendo la sua ammirazione per l'opera innovatrice da lui compiuta nel campo della giurisprudenza e ricorreva al paragone con l'opera di Erasmo. « Tu non minore diligentia, osservava Tunstall a Budé, veteres excussisti omnes et dum multa ex graeco sermone vertis in latinum, parem in utraque lingua facundiam adeptus, Pandectas, opus immensum et in quo non pauciores erant mendae quam legum capita, commentantium vero errores multis partibus plures, tibi repurgandum putasti » (43). Assentiva per parte sua Budé a questo riconoscimento, e nella risposta all'amico (maggio 1517), pur essendo preoccupato di non turbare la suscettibilità di Erasmo in quel periodo già scossa, apertamente ammetteva quale vantaggio fosse venuto agli studi giuridici dalla sua revisione filologica ed abilmente si dilun-

(42) Budé, *Annotationes in Pandectas*, *op. cit.*, foglio CXXXI. Di questo testo mette conto anche sottolineare la delimitazione cronologica (*trecentis circiter annis*) che in questo caso corrisponde a quella già indicata da R. Gaguin e dagli altri umanisti del secondo cenacolo. È chiaro che in questo periodo l'umanista delimita la notte medievale.

(43) Erasmo, *Opus epistolarum*, *op. cit.*, vol. II, lettera 571 (aprile 1517), p. 540.

gava sui meriti dell'umanista olandese, sapendo che altrettanto meritava si dicesse di lui: « Ecquis est autem, si domandava Budé, tam adversis gratiis natus cui iam non sordeat pinguis illa ac *tenebricosa* Minerva, ex quo literae quoque sacrae Erasmi industria tersae, mundiciam priscam *splendoremque receperunt?* » (44). Ma già Tunstall aveva unito i due grandi iniziatori del rinnovamento umanistico francese e tutta l'Europa colta aveva accettato il giudizio. A dire il vero l'amico era andato arditamente molto avanti quando aveva osato stabilire un paragone con gli italiani. « Itaque ut meam de vobis sententiam qualencumque maioribus iudiciis interponam: plus ad veterem eloquentiam multis antiquatam saeculis revocandam, plus *ad instaurandas humaniores literas* (absit invidia verbo), vos duo contulistis quam omnes Perotti, Laurentii, addo etiam Hermolai, Politiani caeterique omnes qui ante vos fuerunt » (45). Chiaramente egli accennava all'opera filologica degli umanisti poiché aggiungeva ancora: « Quamdiu in foro, quamdiu in templis, quibus in locis frequentissime versamur, patimur regnare barbariem! At e diverso reducta in haec loca facundia, ubi latitandi sibi locum amplius reperiet infantia barbara? ». Ma quanto cotesta attività filologica fosse ancora necessaria e logicamente richiesta dallo stesso principio fondamentale dell'umanesimo, lo riconosceva Tunstall stesso conchiudendo: « Frustra igitur ad instaurandam latinam linguam diligentiam adhibueris, inanem omnem insumpseris operam, nisi prius in templa, nisi prius in forum, purum sermonem revoces ».

(44) Budé, *Lucubrationes variae*, Basilea, 1557, p. 360 (maggio 1517).

(45) Erasmo, *Opus epistolarum*, *op. cit.*, lettera citata, p. 539, 27-28. Tunstall, continuando il paragone con gli italiani, precisa meglio la sua idea nel modo seguente: « Illi (gli italiani) ne in comoediis et epigrammatis et historiis erraremus, elaborarunt; vos tota de hominum vita tollendos errores curastis ». Dove si può osservare come la differenza tra l'umanesimo italiano e quello straniero fosse nel concetto degli umanisti nordici veramente sostanziale. I nostri umanisti erano giudicati troppo letterati (ed Erasmo arriverà fino a giudicarli pagani), poco preoccupati dal problema morale e quindi privi di un profondo senso umano di cui si vantavano gli stranieri. Questa differente concezione umanistica è alla base di molte polemiche ed incomprensioni che sorsero nel secolo XVI tra i nostri studiosi e quelli delle altre nazioni.

In verità la materia teologica, data la sua delicatezza e lo stesso controllo sotto cui era tenuta, era stata l'ultima fra quante la filologia degli umanisti si era proposto di riformare. Questa era l'opera riservata ad Erasmo, degna delle sue eccezionali capacità intellettuali. Già Lefèvre con l'edizione dei *Salmi* e delle *Epistole* di S. Paolo (46), aveva per conto suo dato un ottimo avviamento. Alla revisione del testo sacro Erasmo era stato condotto dalla speciale sua concezione teologica, preoccupata di giungere alla verità ascoltando non i commenti degli uomini ma la stessa parola divina. Non per questo la sua reazione contro i teologi scolastici era differente da quella degli altri umanisti. Comune era la preoccupazione filologica, fatta in questo caso maggiormente attenta dal rispetto per il sacro testo. Non altro Erasmo si preoccupava di dimostrare nella *Paraclesis*, nel *Methodus* e nell'*Apologia* messe davanti alla sua edizione del *Nuovo Testamento* del 1516 (47) se non di giustificare l'applicazione del metodo filologico alla Sacra Scrittura ed anzi di proclamarlo quale unico mezzo per comprendere l'insegnamento del Cristo (47 bis). Diceva Erasmo di voler rispettare quanto avevano scritto i grandi maestri di teologia ma affermava di preferire la diretta parola divina quale era stata dettata da Dio ai suoi profeti e ai suoi apostoli. Se come lui avessero pensato tutti i cristiani, un risveglio del sentimento religioso avrebbe percorso le moltitu-

(46) E' noto infatti come Lefèvre, dopo essersi occupato dal 1492 al 1507 della restaurazione filosofica ispirata dall'ammirazione per Aristotele, volse poi tutta la sua attività alla teologia che si propose di riportare alla purezza dei primi secoli cristiani. Questa nuova fase incominciò con la traduzione compiuta con l'aiuto di Jean Chichtowe della *Theologia* di Giovanni Damasceno (H. Estienne, 1507) quando nel 1507 Lefèvre fu accolto da Briçonnet a Saint-Germain-des-Près. Nel 1508 pubblicò l'edizione dei *Salmi*; nel 1512 quella delle *Epistole* di S. Paolo (Parisiis, H. Estienne, in-fol.) dove in una prefazione dedicata appunto a Briçonnet spiega la sua preoccupazione critica e quali principi abbiano diretto la sua edizione. Cfr. Imbart de la Tour, *Origines de la Réforme*, Parigi, 1909, vol. II, p. 389 sgg.; A. Renaudet, *op. cit.*, p. 622 sgg.

(47) Desiderius Erasmus Roterodamus, *Ausgewählte Werke*, ediz. crit. di Hajo e Annemarie Holborn, Monaio, Beck, 1933, p. 137 sgg.

(47bis) Cfr. F. Simone, *Nuovi rapporti tra il riformismo e l'umanesimo in Francia all'inizio del Cinquecento* in *Belfagor*, marzo, 1949, pp. 149-167.

dini desiderose di verità. La teologia si sarebbe divulgata, cessando di essere un privilegio di pochi ed un disprezzo per molti (48). Nel *Methodus* egli spiegava quale strumento prezioso fosse la filologia per la comprensione della Bibbia poiché non tutto si poteva accogliere e non agli errori della tradizione si poteva credere. La necessità della conoscenza delle tre lingue, latina, greca, ebraica, veniva dimostrata e con essa una preparazione letteraria vasta in cui non fosse trascurata alcuna disciplina (49) ed alla grammatica ed alla rettorica fosse data una attenzione particolare per acquistare l'esercizio del distinguere e del giudicare. Poiché questa è la regola principale. « Quod si diutius immorandum sit profanis litteris, equidem id fieri malim in his quae propius affines sint arcanis libris ». Della sua opera filologica Erasmo discorreva più particolarmente nell'*Apologia*, rispondendo alle accuse ed alle insinuazioni dei teologi tradizionalisti. Paragonando la sua opera a quella del Valla, enumerava la maggior quantità di codici da lui studiati, gli autori consultati e l'attenzione offerta ad ognuno onde assicurare una maggior esattezza e precisione al nuovo testo critico (50). Mandando a Leone X quella sua considerevole fatica, Erasmo la presentava come il frutto più prezioso della rinascita filologica (51) a cui aveva teso lo sforzo di tutti gli umanisti in unione di opere e di mezzi (52).

(48) Erasmo, *op. cit.*, *Paraclesis*, p. 147.

(49) Erasmo, *op. cit.*, *Methodus*, p. 153.

(50) Erasmo, *op. cit. Apologia*, p. 166. Nel 1505 Erasmo aveva ristampato le *Annotationes ad Novum Testamentum* del Valla. Cfr. Allen, *The Age of Erasmus*, Oxford, 1914, pp. 141-142.

(51) Erasmo, *Opus epistolarum*, *op. cit.*, vol. II, lett. n. 384, pp. 181-187.

(52) Per dimostrare quale affiatamento vi fosse in quegli anni fra gli umanisti, tutti intenti a raggiungere un'unica meta culturale, valga la testimonianza di Lefèvre d'Etaples tratta dal *Prologus in physices introductorios dialogos* (folio LXXXI dell' *op. cit.*) dedicato a H. Estienne: « Charissime Stephane quanta sit animorum benivolentia inter liberalium artium cultores in hoc nostro Parisio studio (ubi res cognita esset) exteri mirarentur... Nec iniuria (ut aiunt) nam et philosophia et philosophus nomina ab amore sortiuntur. Quid enim philosophia nisi sapientiae amor? Iure decet itaque ut recte sentiant ipsos esse amicos ». Come è noto, i rapporti amichevoli con Erasmo furono poi turbati da una discussione sorta per l'edizione del *Nuovo Testamento* e dai malintesi che ne seguirono. Cfr. *Admonitio in mendacium* in *Biblioteca Erasmiana*, Gand, 1893.

Frutto prezioso e delicato che egli affidava nelle robuste mani del giovane Capitone («hanc lampadam a nobis traditam accipe») affinché la sua opera fosse continuata secondo il suo preciso insegnamento. Il quale voleva non già trascurare quanto era stato fatto ma rendere nella sua intera verità quanto i secoli avevano tramandato (53).

Da tutti questi testi che sono venuto citando si può ora facilmente comprendere quale fosse la particolare concezione della Rinascita espressa da Erasmo nella sintesi da lui tracciata. Come lui, per opera del suo magistero, pensavano tutti gli umanisti che in quel periodo operavano insegnando e scrivendo. Proponendosi di rigettare le incrostazioni medievali che si erano venute formando sui testi classici e sforzandosi di rileggerli come erano stati lasciati dall'antichità, essi avevano l'impressione di squarciare un velo tenebroso che per tanti secoli aveva coperto quelle opere e di gettare luce laddove non vi era che oscura ignoranza. A questa chiarificazione fatta con la penetrante lampada filologica cooperavano tutti, scegliendo ciascuno il proprio campo, secondo la propria inclinazione intellettuale ma servendosi tutti del medesimo metodo. Fra tanto lavoro e così vasta impresa si alza talvolta un grido di ammirazione e di stupore: è la coscienza di aver nuovamente ridato alla cultura qualche opera da secoli abbandonata in manoscritti scorretti, mutili, indecifrabili. Quel grido è un inno alla rinascita e deriva dalla sicurezza di possedere un testo classico riportato nella sua critica esattezza. E questo naturalmente per quel tanto che lo potevano permettere i deboli mezzi scientifici del tempo.

In verità Josse Bade al principio del secolo (1503), nella prefazione ad una nuova ristampa delle *Epistolae* di S. Paolo scriveva al cancelliere Pinel: « Non possum non gratulari huic saeculo nostro in quo cum *bonis moribus* iamdudum tuo tuique similium auspicio *renatis* aut in meliorem (ut dicunt) statum reformatis, etiam *castis eloquiis et sanctis litteris* receptum et pretium » (54); l'editore anticipava così quanto con più slancio Erasmo scriveva a Budé nel 1517,

(53) Erasmo, *Opus epistolarum, op. cit.*, vol. II, lett. n. 541, p. 491, 119-120.

(54) Renouard, *Bibliographie de Josse Bade, op. cit.*, vol. II, p. 376.

dopo aver ricordato i nomi migliori di coloro che in Francia si dedicavano agli studi: « Deum immortalem quod saeculum video brevi futurum! utinam contingat reiuvenescere » (55). Che fosse il secolo d'oro quello in cui viveva, Erasmo stesso aveva affermato proprio in una lettera a Leone X (1515): « Sensit ilico mundus Leonem gubernaculis rerum admotum, repente saeculum illud plusquam ferreum in aureum versum » (56). Ad Erasmo, per parte sua, Budé rispondeva (1517) facendo l'elogio di Francesco I. Grazie all'opera del regale mecenate l'umanista osava esprimere le speranze più belle. Il re infatti si proponeva di aiutare in ogni modo i letterati e pensava allora alla fondazione di una nuova istituzione in cui le arti liberali fossero protette con il dovuto onore (57). Uguale speranza, qualche anno prima, nel 1512, aveva espresso Vatable all'arrivo di Aleandro. Lo studioso affermava che, a causa dell'ignoranza del greco, i migliori autori erano rimasti nelle tenebre e soprattutto i filosofi. Ora invece poiché a Parigi la lingua greca ritornava ad essere studiata, si poteva sperare che la repubblica delle lettere ne traesse un vantaggio duraturo (58). Non meno chiara è la coscienza rinascenziale in quel medico versatile e pieno d'ingegno che fu Symphorien Champier. Mette conto ricordare di lui la *Apologia literarum humaniorum* che, pubblicata insieme alla *Symphonia Platonis cum Aristotele* nel 1516 (59), è tutta

(55) Erasmo, *Opus epistolarum, op. cit.*, vol. II, lett. n. 534, p. 479.

(56) Erasmo, *Opus epistolarum, op. cit.*, vol. II, lett. n. 335, p. 82.

(57) Budé, *Lucubrationes variae, op. cit.*, fol. 337. Cfr. L. Delaruelle, *Répertoire analytique et cronologique de la correspondance de G. Budé*, Parigi, Champion, 1907, p. 14, dove si fa notare che quando Budé dice di Francesco I « literarum nescius » vuol dire soltanto che il re non conosceva il latino e non come interpreta il Lefranc (*Histoire du Collège de France*, Parigi, 1893, p. 47, n. 1) che esso fosse un ignorante. Il testo citato dal Lefranc manca di una variante che chiarifica il senso.

(58) Testo citato da H. Omont, *Essai sur les débuts de la typographie grecque à Paris*, in « Mémories de la société de l'histoire de Paris et de l'Ile le France », XVIII, 1891, p. 58.

(59) *Symphonia Platonis cum Aristotele et Galeni cum Hippocrate D. Symphoriani Champerii - Hippocratica philosophia eiusdem - Platonica medicina de duplici mundo cum eiusdem scholiis - Speculum medicinale platonicum et apologia literarum humaniorum*, Parisiis, Josse Bade, 1516.

una vigorosa difesa dei nuovi studi di cui lo Champier stesso si vantava di essere un valido sostenitore. Merito questo che gli riconosceva Stefano de Barro nella lettera-prefazione indirizzata a Lefèvre d'Etaples in cui il comune amico viene paragonato ad Ercole. Infatti come questo domò i mostri, « ille (Champier) facundiam artis paeoniae bonam magnamque partem prius incultam et ieiunam expolivit atque adornavit ». Questo elogio non si sarebbe potuto fare a Lefèvre poiché egli si conservò sempre piuttosto dimesso nello stile e non certo elegante, preoccupato come fu della sola rinascita filosofica. Alla quale, per altro, fermamente credette. Indirizzandosi a Germain de Ganay, nella prefazione ai suoi commenti alla *Metafisica* di Aristotele (60), diceva di essersi proposto di far comprendere a chi non voleva leggere i filosofi pagani, quali spirituali interpreti della verità divina essi fossero. « Libuit ergo commentariolos parare ut caeteris detur occasio metaphysica divine intelligendi et de piis philosophis mitius cogitandi quos suo tempore fecit Deus suos sacerdotes, suos vates et *faces quod ad tempora nostra lucent* ». Per mezzo dei filosofi Dio era presente fra gli uomini (« ipsis tamen de suo coelo lucebat ») ed irradiava la sua luce di sapienza e di verità.

Questi medesimi concetti sono ripresi da Champier, fervido ammiratore di Lefèvre. Il medico lionese si propone di dimostrare quanto la cultura classica sia una preparazione alla vita cristiana e svela preoccupazioni caratteristiche dell'umanesimo francese tutt'altro che indipendente dalla soggezione teologica. Egli infatti trova una sola giu-

(60) Lefèvre d'Etaples, *Praefatio in commentariolos introductorios metaphysices Aristotelis* (folio CCLV dell'*op. cit.*). Qui Lefèvre riesponeva un concetto prettamente umanistico che gli veniva dalla tradizione dell'umanesimo medievale. Esso era sempre stato l'argomento principale contro coloro che negavano ogni valore apologetico all'antichità classica. Cfr. Marrou, *Saint Augustin et la fin de la culture antique,* Parigi, De Bocard, 1938, p. 390 sgg. A questo concetto aderiranno, in generale, tutti gli umanisti francesi fra cui Champier stesso e Budé. E' questo un esempio, fra quanti si presentano spontaneamente nel corso della trattazione, che serve a dimostrare nel modo più chiaro come i nostri autori fossero legati a tutta la cultura dei secoli medievali dalla quale dipendevano quasi in modo completo sia per la concezione generale della cultura come per i mezzi della cultura stessa. Cfr. F. Simone, *La « reductio artium ad Sacram scripturam » quale espressione dell'umanesimo medievale fino al sec. XII* in *Convivium,* 1949, fasc. V.

stificazione agli studi umanistici nel loro vantaggio per la teologia. Rispondendo alle varie obbiezioni che frequenti in quel periodo dovevano intralciare l'attività degli umanisti e sono noti i loro sdegni, il nostro autore consiglia lo studio dei classici perché anche nelle loro opere si trovano concezioni e consigli accettabili da un cristiano. Ed a questo riguardo caratteristico rimane il cap. V in cui Champier, cercando di spiegare quello che pensassero della filosofia platonica gli autori cristiani, afferma che già in Platone si trovano « principia quaedam verae theologiae ». Di altre obbiezioni basterà accennare il titolo come questa: « *An liceat christiano literis gentilium videlicet Orphaei Mercuri Platonis incumbere* » oppure quest'altra: « *Si liceat viro catholico Deum vocare Iovem* » per comprendere il valore ma anche i limiti, di tutta la concezione della Rinascita in quegli anni dagli studiosi francesi affermata.

Giova aggiungere che di questa erano consapevoli non solo gli umanisti ma anche i letterati in genere che, senza comprendere i motivi e gli scopi profondi di quella ripresa vigorosa degli studi, sentivano tuttavia che il clima era mutato e divenuto più accogliente per le opere intellettuali. Jean Lemaire de Belges per parte sua, fin dal prologo del primo libro (1510) della sua opera *Illustrations de Gaule et singularitez de Troye*, rivolgendosi alla principessa Margherita d'Austria, riconosceva che « *toutes sciences sont plus esclarcies que jamais* » (61) mentre nel *Temple de Vénus* (1511), riprendendo l'umanistico sdegno per il passato medievale, disprezzava i poeti dei secoli precedenti e lodava i nuovi a cui porgeva attenzione cordiale:

« Tous vieux flageots, guisternes primeraines
Psalterions et anciens decacordes
Sont assourdis par harpes souveraines.
Par le doux son des nouveaux monocordes
Ont mis sous banc les gens du roy Clovis
Leurs viiesles, leurs vieux plectres et cordes » (62).

Così, come negli altri campi della cultura, Jean Lemaire segnava nella storia della poesia una rottura con la

(61) J. Lemaire de Belges, *Illustrations de Gaule et singularitez de Troye*, Lione, Jean de Tournes, 1549, prologo.

(62) J. Lemaire de Belges, *Temple de Vénus* in *La concorde des deux langages*, ediz. crit. di J. Frappier, Parigi, Droz, 1947, p. 17, vv. 247-252.

quale misconosceva ogni rapporto tra Medio Evo e Rinascimento. E di questa rottura, come è stato notato, si ricorderà ancora Sainte-Beuve (63).

IV. - *Nel terzo decennio del Cinquecento gli umanisti riaffermano l'autonomia degli studi letterari arricchiti dallo studio di tutte le lingue antiche* (rinascita = autonomia degli studi letterari).

L'edizione critica del *Nuovo Testamento* di Erasmo rappresentò verso il 1516 il frutto più maturo dell'umanesimo europeo. Quell'opera raccolse, insieme alla viva ammirazione, i più vasti consensi che procurarono all'autore larga fama tanto da renderlo in quel giro di anni il centro spirituale di tutta l'Europa colta. In tal modo si diffuse e si divulgò una specifica concezione intellettuale che per lui fu detta erasmismo (64) ed erasmiani furono chiamati i suoi aderenti come attesta John Maier di Eck quando, scrivendo al maestro dice: « ... Ut omnes ferme docti prorsus sint Erasmiani, cucullatis paucis demptis et theologastris » (65). Non ultimi fra gli ammiratori stavano gli umanisti francesi che stretti contatti avevano sempre mantenuto con l'olandese (66) e più ancora si proponevano di stringerne ora che il re Francesco I aveva espresso il desiderio di vedere Erasmo insegnare a Parigi. Di questo proposito si giovò in modo speciale Budé che intensificò le relazioni epistolari con Erasmo poiché a lui il re aveva affidato l'incarico di convincere l'amico alla nuova residenza. Se prima i due umanisti aveva rivelato soltanto una reciproca stima, ora, in quegli anni in cui pareva che attorno al grande olandese le

(63) Sainte-Beuve, *Nouveaux Lundis*, t. XIII, p. 363.

(64) Imbart de la Tour, *op. cit.*, vol. II, p. 332; A. Renaudet et H. Hauser, *Les débuts de l'âge moderne*, Parigi, 1930, p. 129; A. Renaudet, *Études érasmiennes* (1521-1529), Parigi, Droz, 1939, p. 157.

(65) Erasmo, *Opus epistolarum*, *op. cit.*, vol. III, lett. n. 769, p. 209. Cfr. J. Huizinga, *Erasmo*, trad. ital., Torino, 1941, p. 149.

(66) Renaudet et Hauser, *op. cit.*, p. 282: « L'umanisme en France depuis les premières années du siècle (XVIe) s'inspirait d'Érasme plus que des Italiens. Forteresse de la scolastique, Paris devenait la capitale de la culture nouvelle ».

opposizioni si fossero placate, Budé dichiarava senza reticenze l'ammirazione che le nuove opere avevano suscitato in lui. L'umanista francese apprezzava in Erasmo soprattutto il grande filologo. Nella lettera a Tunstall egli si domandava: « Ecquis est autem tam adversis gratiis natus cui iam non sordeat pinguis illa ac tenebricosa Minerva, ex qua literae quoque sacrae Erasmi industria tersae, *mundiciam priscam splendoremque receperunt?* Quamquam id longe maius est quod idem eadem opera praestitit ut *veritas ipsa sacrosanta ex cimmeriis illis tenebris emergeret* » (67). Né gli potevano sfuggire gli stretti legami che univano questo ultimo passo fortunato del rinnovamento letterario con quanti erano stati compiuti in Francia da lui stesso, da Lefèvre e da Josse Bade. Tuttavia la perizia dimostrata era tanta e così adeguata alle difficoltà presentate dal testo sacro che Budé non poteva non seguire gli insegnamenti che con quell'opera venivano impartiti a tutti gli umanisti. Fra quanti allora in Francia attendevano con amore allo studio delle lettere non è dubbio che Budé era il più preparato ad accogliere il metodo erasmiano ed a farlo fruttare. Quel suo amore per lo studio che lo aveva conquistato fin dalla prima giovinezza; quella sua nativa intuizione dei problemi letterari dimostrata con la traduzione latina dei trattati di Plutarco (1503-1505); infine quella sua passione per la filologia che egli diceva sua unica sposa (68), sono tutte testimonianze della maturità culturale con cui Budé si accingeva ad accogliere l'eredità di Erasmo.

Per altro il commento alle *Pandette* aveva già offerto sufficiente testimonianza del grado di preparazione filologica a cui era giunto, per conto suo, il nostro umanista.

(67) Budé, *Lucubrationes variae, op. cit.*, f. 360.

(68) Budé, *Lucubrationes variae, op. cit.*, f. 368, lettera del 1516 ad Erasmo: « At ego te hoc ignorare nolo me quidem rivalem esse tibi in amore Philologiae: sed quam tibi uxorem esse dicis, non longe a contubernio meo adfuisse ex quo hoc insano literarum amore captus sum ». Budé attesta il suo amore per la filologia pure in una lettera a Tommaso Moro del 1518 (*op. cit.*, f. 247); in una lettera a Guillaume du Maine del 1521 (*op. cit.*, f. 421) ed in un'altra lettera a Claude Robertet del 1523 (*op. cit.*, f. 384). Si veda poi tutto il trattato *De Philologia*. Cfr. ora la bella lettera a Tommaso Moro in ediz. crit. presso *The Correspondence of Sir Thomas More*, ediz. di E. F. Rogers, Princeton, Princeton University Press, 1947, n. 66, pp. 125-132.

Accingendosi a diffondere in Francia il metodo di Erasmo egli lo faceva con piena conoscenza delle difficoltà che esso avrebbe incontrato e dei vantaggi che avrebbe recato. In verità gli umanisti francesi ripetutamente avevano caldeggiato la formazione filologica e per conto loro avevano imposto nella Sorbona il ritorno all'insegnamento del greco e dell'ebraico a cui molte delle loro speranze erano affidate. Che Erasmo ora rivolgendosi a tutto il mondo della cultura confermasse quei propositi (69) e con tutto il peso della sua esperienza li avvalorasse, era per loro buona ventura. Tuttavia l'edizione erasmiana del *Nuovo Testamento* si proponeva uno scopo ben più importante. Essa doveva diventare un mezzo efficace per diffondere la particolare concezione teologica basata sulla diretta lettura del testo sacro che ciascuno avrebbe dovuto compiere a suo personale vantaggio spirituale. A questo scopo Erasmo offriva a tutti l'esatta parola divina liberata da una tradizione ingenua e spesso ignorante che l'aveva travisata. La critica testuale acquistava così una importanza di primo piano e faceva sì che tutta la filologia sostituisse la filosofia nello stretto rapporto che essa da secoli aveva sempre avuto con la teologia. Per questo nuovo carattere religioso acquistato, la nuova scienza si avvantaggiava sulle altre arti liberali e tutte le precedeva.

Gli umanisti francesi non compresero o non vollero comprendere in quel particolare momento storico l'importanza religiosa del metodo critico di Erasmo; la maggior parte di essi non lo seguì sulla via della sua riforma e meno che mai si avventurò per il sentiero riformista a cui esso pareva invitare. Se qualcuno volle tentare l'avventura, trovò duri ostacoli nell'autorità costituita che stroncò ogni velleità anche con il rogo. Invece essi furono apertamente consenzienti circa la nuova importanza riconosciuta alla filologia. Budé nel suo trattato *De studio litterarum recte instituendo* (70) espone tutto un piano di studi che da

(69) A. Renaudet, *Études érasmiennes, op. cit.*, p. 122: « Lui-même (Erasmo) n'a jamais caché qu'il entendait, pour le bien de l'Église chrétienne et de l'esprit humain, rétablir l'harmonie entre le savoir théologique et ces nouveautés qu'étaient alors la philologie, la linguistique, la critique des textes, la haute culture de l'individu... ».

(70) Budé, *Lucubrationes variae, op. cit.*, fol. 3 sgg.

Erasmo deriva le migliori idee e con queste le più probanti giustificazioni. Quel trattato dimostra come nel decennio o poco più che segue la nuova edizione dell'opera erasmiana (1518), le nuove idee trovarono viva eco e perfetta comprensione nella Francia di Francesco I che assisteva intanto alla morte di Leonardo ad Amboise ed alla sconfitta del suo re a Pavia mentre lontano l'orizzonte si illuminava dei bagliori del sacco di Roma. Per altro in quel decennio le idee maturarono ed intrapresero un nuovo cammino che veniva ancora una volta illustrato dallo stesso Budé. Infatti il trattato *De Philologia* (1530) (71) non è soltanto, come in genere viene creduto, uno scritto in cui si caldeggia la fondazione del Collège de France del quale si espongono tutti i vantaggi. Un'idea ben più nuova viene esposta in quell'opera e cioè l'indipendenza degli studi letterari raggruppati in una unica disciplina fornita di una sua propria vitalità e capace di una sua autonomia. Budé per filologia intende non soltanto la scienza che si occupa della critica dei testi ma anche quel vasto complesso di cognizioni che a volte dice *litterarum scientia* oppure semplicemente *sapientia* o ancora *studium bonarum litterarum* e che proprio alla fine del trattato definisce come la disciplina « quae uno nomine liberalia studia complectitur » (72). A questi studi il nostro umanista concede quella autonomia che l'organizzazione medievale aveva in parte limitato, fissandoli in una severa gerarchia (73). Già nella volontà di voler distinta dall'istituzione sorbonica la nuova organizzazione si rivela il recondito scopo degli umanisti, desiderosi che gli studi letterari non soggiacessero ma dominassero le altre discipline. Onde Budé parlerà appunto della scienza filologica come di quella « quae omnes alias complectitur atque intra suum orbem coërcet. quae suis finibus singulas quasi architectonico iure circumscribit » (74). Il *De Philologia*, cronologicamente composto dopo il *De studio litterarum*

(71) Budé, *Lucubrationes variae, op. cit.*, fol. 31 sgg.

(72) Budé, *De Philologia, op. cit.*, fol. 95 Cfr. H. Chamard, *Les origines de la poésie française de la Renaissance*, Parigi, 1920, p. 272.

(73) Cfr. L. J. Paetow, *The Arts Course at Medieval Universities with Special Reference to Grammar and Rhetoric*, University of Illinois; The University Studies, vol. III, n. 7, 1910.

(74) Budé, *De Philologia, op. cit.*, fol. 48, C.

recte instituendo (1527) e prima del *De transitu Hellenismi ad Christianismum,* (1535) rappresenta il passo più ardito della concezione del nostro umanista. In esso l'insegnamento erasmiano è sviluppato fino alle sue logiche conseguenze mentre nell'ultimo trattato Budé pare ritrarsi, fatto timoroso dalla sua stessa audacia e dall'età avanzata reso curioso soltanto dei problemi religiosi (75). Comunque la concezione restò quale era stata formulata ed il Collège de France non altro rappresentò che la realizzazione pratica dell'autonomia degli studi letterari.

Intraprendendo ad esporre lungamente la sua teoria, Budé incomincia con un ampio elogio dell'eloquenza, cioè degli studi letterari di cui dice tutti i meriti e tutti i vantaggi, non ultimo quello di fornire al re dei dotti storiografi. Non degna di questa loro capacità era la situazione che alle lettere era fatta nella cultura universitaria. « Nam quid iniquius », si domandava l'umanista, « eo esse potest quod quam disciplinam ad omnium artium honestarum interpretationem, explanationem et iudicium, omnium honorum administrationem illustrem et spectandam, viam munire et gradum facere non dubium est apud homines peritissimos, ea una disciplina omnibus honorum gradibus deiecta, omnibus cassa dignitatum insignibus est, ut nec in orchestra nec in ordinibus theatri reipublicae nostrae sessum spectatumque admittatur? » (76). Budé confrontava la disciplina letteraria sua con le altre sue consorelle e metteva in risalto come queste fossero più favorite di quelle. « Queritur autem chorus ille disciplinarum ingenuarum atque liberalium quem Graeci eruditionis orbem patrio verbo appellaverunt, non eodem se numero, non pari loco universum haberi quo singulae artes longe illiberaliores habentur » (77). Budé pensava al diritto, alla medicina, alla teologia; vedeva queste discipline organizzate scolasticamente, frequentate dalla gioventù, favorite dai potenti e cercava di comprendere il motivo del successo di queste e della sfortuna delle lettere. A spiegazione del fatto ricordava l'indifferenza della corte per l'eloquenza, l'incompletezza della cultura universitaria, il disprezzo dei teolo-

(75) Cfr. D. Rebitté, *Guillaume Budé, op. cit.*, p. 194 sgg.
(76) Budé, *De Philologia, op. cit.,* fol. 47, B.
(77) Budé, *De Philologia, op. cit.,* fol. 40, C.

gi e dei filosofi. Onde concludeva manifestando la sua meraviglia che, pur in così sfavorevoli condizioni, le lettere avessero potuto ugualmente rifiorire e diceva degni della più grande ammirazione coloro che con grande fiducia si erano dedicati « ad interpolandam, reconcinnandam, denuo perpoliendam eloquentiam quae tot saeculis in squallore [*sic*] iacuit et situ foedissimo » (78). E tanto più ammirevole era quell'opera in quanto quei valorosi lavoravano senza la speranza di alcun riconoscimento. Per mutare una così dolorosa condizione Budé si rivolgeva direttamente a Francesco I. Al re chiedeva di riconoscere la vera importanza degli studi letterari i quali dovevano essere parificati a quelli giuridici, teologici, medici ed aprire ai giovani una carriera ed una situazione sociale. Essi dovevano cessare di essere semplicemente propedeutici. Nulla poteva essere fatto di più illustre quanto il richiamare la sacra Minerva dalle tenebre in cui era stata abbandonata a più dignitosa condizione e meritato rispetto (« ex umbratilibus illis textrinis et studiorum obscuritate ad conditiones vitae illustres ») (79). In verità se grande veniva ad essere il merito di Francesco I che con la sua munificenza dimostrava di comprendere l'importanza del gesto, grandissimo era il merito di Budé che il gesto e la munificenza per lunghi anni aveva consigliato e quasi provocato. Onde a buon diritto per quella sua opera e per quanto di essa rende testimonianza questo trattato, egli è detto il restauratore della filologia in Francia (80).

Tuttavia dal particolare punto di vista da cui si esamina il *De Philologia*, un altro merito non meno grande acquista Budé. Egli infatti può essere considerato il primo storico dell'umanesimo francese. Per difendere la concezione dell'autonomia degli studi letterari nell'opera vengono fatti frequenti accenni ai vari progressi del movimento umanistico. Ora, riunendo tutti quei vari testi, si può avere una quasi completa visione del cammino compiuto dagli studi in quel preciso periodo storico. Budé dimostra di avere una chiara coscienza del valore del suo umanesimo anche se quella egli disperde nel suo carat-

(78) Budé, *De Philologia, op. cit.*, fol. 46, D.

(79) Budé, *De Philologia, op. cit.*, fol. 94, C.

(80) Cfr. J. Plattard, recens. a Delaruelle in « Revue des études rabelaisiennes », 1907, p. 321.

ristico argomentare pieno di ritorsioni di pensiero e di digressioni. Egli non ignora di aver fatto compiere alla concezione umanistica l'ultimo passo che con graduale sviluppo, strappando dalla soggezione medievale gli studi letterari, questi aveva riportato al trionfo della loro completa autonomia.

Già dalla prefazione l'umanista ricorda il lontano periodo in cui gli studi letterari erano immersi nelle tenebre dell'ignoranza e parla di un « diuturnum naufragium » di cui le lettere classiche erano state vittima e da cui era pur necessario che fossero salvate (81). Più avanti, nel primo libro del trattato, ricorda le tristi condizioni dei tempi in cui le lettere erano dimenticate (« literarum obscuritate quasi quadam caligine obducta »). Tuttavia non addebita a nessuno quello stato di cose (« indulgentius aequiusque agendum esse ») poiché le intelligenze non erano ancora mature per comprendere le nuove idee. Gli stessi re non compresero quanto avrebbe loro giovato l'avere storiografi valenti e permisero che si tramandassero, invece delle verità, le leggende che ancora ai suoi tempi erano credute (« unde adhuc hodie, dispulsa rudiorum aetatum nebula hac literarum luce, imbutas tamen imperitorum mentes videmus ») (82). Poi al tempo di Carlo VIII e di Luigi XII (83), grazie all'influenza della cultura italiana ricevuta in cambio delle guerre d'oltralpe, una maggiore comprensione per gli studi letterari si era manifestata fra la classe colta francese. In quel tempo Budé che pur si era dedicato esclusivamente agli studi, era stato invitato a corte. In verità, aggiunge l'umanista, né Carlo VIII né Luigi XII avevano molto tempo libero dagli affari politici per potersi dedicare ai problemi letterari ma avevano il vantaggio di avere vicino Guy de Rochefort che era uomo amante degli studi ed attento a tutte le manifestazioni della cultura. Sicché le lettere furono considerate un complemento della attività politica. I cortigiani, per parte loro attratti piuttosto dalla vita pratica che dal quotidiano raccoglimento del lavoro intellettuale, gettarono il discredito

(81) Budé, *De Philologia, op. cit.*, fol. 33, A.

(82) Budé, *De Philologia, op. cit.*, fol. 49, B.

(83) Ph. Aug. Becker, *La vie littéraire à la cour de Louis XII*, in « Neuphilologische Mitteilungen », Helsingfors, 1922, XXIII, p. 113.

sulle persone di studio che consideravano degli stolti e degli indolenti (84). Tuttavia Carlo VIII si interessò agli studi greci di Budé che in quel tempo erano ai loro inizi e rappresentavano un ardito progresso. « Tametsi Rex Carolus humanitate singulari liberalitateque memorabili praeditus et literarum elegantium opinione quadam imbutus, quarum nomen tantum in Italia raptim quasique per transennam audierat, earum me gratia et Graecarum praecipue quae tum in Francia pene erant inauditae, evocandum mandarat » (85). Il re adunque volle conoscere Budé che rappresentava una curiosa rarità in quell'ambiente di indotti guerrieri come colui che da solo con un paziente lavoro si era formato una profonda cultura classica ed aveva acquistato una perfetta padronanza della lingua greca. Fatto questo non di lieve importanza in quanto allora in Francia le lettere erano in generale trascurate (« erat tum in Francia literarum bonarum doctrina ferme tam vendibilis et expetia quam olim erat Lacedaemone ars scenica atque histrionica »). Tuttavia, conchiude Budé, se quei primi tentativi non riuscirono a recare i vantaggi che era legittimo sperare, questo fu per colpa non della mancanza della buona volontà dei re ma per l'opposizione dei cortigiani. Pur nella generale indifferenza, senza alcun aiuto dei potenti, anche con l'opposizione della classe dirigente, i pochi fedeli degli studi continuarono la loro opera. « Omnes iam fere ingenio felici ingenuaque voluntate nati e veterno pristino incuriae ac socordiae excitati sunt liberaliaque studia capessere, id est *literas bonas lautioresque certatim instituerunt,* naviterque colere ». E così, attraverso fatiche e difficoltà, si giunge finalmente al primo riconoscimento dell'importanza degli studi letterari. Questo momento viene da Budé fissato anche cronologicamente. Infatti nella prefazione, augurando la miglior fortuna alle lettere dice che queste ebbero il loro « natalem instaurativum » con l'assunzione al trono di Francesco I, mentre, al principio del secondo libro, spiega più diffusamente così: « Cum literae vere Latinae annos plus mille intermortuae fuissent, Graecae etiam conclamatae citra mare Ionium et tamquam funere elatae ac conditae, iamdiu tamen in Italia, regione

(84) Budé, *De Philologia, op. cit.,* fol. 52, C.
(85) Budé, *De Philologia, op. cit.,* fol. 53, B.

literis semper hospitalissima, redivivam auctoritatem ac splendorem utraeque habere coeperunt. Cum interim Alpes mulis etiam clitellariis pervias, armillatisque tabellariis cursu diurno ac nocturno superabiles, literae ipsae bonae transire aut nequiverint aut respuerint ut quidem ad nos accederent, quasi commercio nobis earum adempto aut nostro illis interdicto, quoad tandem tuo appetente principatu, ipsas pedetentim quasique sese dissimulantes, Philologia mihi primo nostratium et (quod equidem norim) uni diu vere familiaris, ingenti contentione accitas, aegreque evocatas, ea hospitalitate prosecuta est ut iam ipsae diversari in Francia non nollent» (86). Questo è il passo dove Budé espone con più chiarezza la sua coscienza del rinnovamento letterario quale a lui appariva nel suo storico sviluppo. Mette conto notare come egli, diversamente da quanto si giudica comunemente, sembri non valutare molto il contributo culturale delle guerre d'Italia e come manifesti la tendenza di ritardare al secondo decennio del sec. XVI il primo effettivo risveglio delle lettere francesi. A questa idea egli ritorna sul finire dell'opera dove paragona la Francia a Penelope, in attesa questa di Ulisse, quella di Francesco I per il quale i Proci sono rappresentati dai cortigiani ignoranti e tradizionalisti. Con Francesco I adunque, secondo Budé, si supera ogni ostacolo e gli studi letterari ritornano nel loro dovuto onore. Ma questo ancora avviene gradatamente fino a quando, proponendo il re l'istituzione dei lettori reali, l'ultimo passo viene compiuto e l'ultimo velo di barbarie definitivamente strappato. I risultati subito si annunziano numerosi: la lingua latina viene acquistando una sempre maggiore ricchezza e duttilità onde può servire per qualunque argomento e persino, come esemplifica Budé, per la viva descrizione di un episodio di caccia; la giurisprudenza riportata alle sue classiche fonti con vantaggio di tutto l'organismo politico dello stato; finalmente più abili storiografi si preparano a narrare in modo degno le imprese del grande re. Onde conchiude Budé: «Cum igitur literas vitae restituas postliminio aetatis nostrae videamus, cum nihil iam hoc tempus ad numeros ultimos scribendi facultatis praeter regum et principum hominum opitulatio-

(86) Budé, *De Philologia, op. cit.*, fol. 60, C. Cfr. fol. 54. C.

nem desideret, quid iam vetat nos sperare Demosthenes, Platones, Thucydides, Tullios, Livios eiusdem notae scriptorum et supparis, mox in medium prodituros, non imitatores tantum illorum antiquorum sed etiam aemulos? » (87). Sogno che tutto conquista il nostro autore il quale fermamente spera che « prisca literarum claritas in Francia rediviva videatur ». Pare frenare tanto legittimo entusiasmo il re Francesco I che nel trattato a forma di dialogo, regge la parte di uno dei due interlocutori. Egli infatti osserva che non vi sono età di luce ed altre di tenebre, poichè tutte le età tra loro sono collegate da un unico progresso. Ma all'obbiezione Budé precisa, in un modo molto interessante per il nostro punto di vista, che quando egli accenna ad una nuova età in formazione come di una luce nuova che dilegua le tenebre, egli intende parlare di un periodo in cui la concezione di vita degli antichi sia elevata dagli uomini a regola delle loro azioni ed a principio della loro sapienza. « Nec dubitabo, conclude l'umanista, dicere posse antiquam quam vocant sapientiam, ad mores humanitate condiendos et perpoliendos, iusto pene postliminio intra aetatem unam restitui » (88). Difficilmente Budé avrebbe potuto definire in modo più chiaro che cosa egli intendesse per Rinascita umanistica, ma anche non avrebbe potuto meglio indicarci quale valore egli attribuisse alla libertà ed alla autonomia che gli studi letterari reclamavano in Francia verso l'anno 1530.

Questa concezione della Rinascita tanto diffusamente spiegata da Budé, è comune a tutte le menti più aperte che in quel periodo si interessavano agli studi. Ma poiché

(87) Budé, *De Philologia, op. cit.*, fol. 87, A. Un testo altrettanto significativo nel *De Asse* (Lione, 1542, p. 589): « Nuper tamen instauratae utriusque linguae felicitate studia iuvenum nostrorum magnopere exarserunt. Pauci enim literarum admiratione ducti, pertinaci studio multorum aemulationem excitaverunt; simul Italorum industria qui libros is dies alios atque alios ediderunt, literarum bonarum nomen non pridem nostris inauditum, primum invisum, deinde neglectum, postremo festivum ac plausibile esse coepit. Nunc etiam eousque honori habitum, praesertim literarum graecarum auctoritate (quae ab initio ipsae prodigiosae ac propemodum dirae putabantur) ut ii qui maxime refractarii per inscitiam futuri videbantur, liberos suos iis literis instituendos iam percupide tradant, nominatim etiam quasi ex formula caventes ut literis bonis probatisque eruditi reddantur ».

(88) Budé, *De Philologia, op. cit.*, fol. 88.

del nuovo progresso fatto dagli studi il lato più positivo e più appariscente era l'istituzione dei lettori reali e poiché codesta istituzione era merito della comprensione di Francesco I, gli studiosi rivolsero le loro lodi e ringraziamenti al re. Per questo tutte le lodi che in quegli anni vennero largite al re francese non sono da interpretarsi sempre come volgare adulazione ma come il riconoscimento di un contributo effettivo dato alle lettere che avevano trovato in Francesco I un Padre e un protettore (89). Così Pierre Bunel, scrivendo a Pierre Chastellain (90), diceva che grazie all'aiuto del re le lettere avevano trovato un'accoglienza quale a nessuno era lecito credere prima: « Nactus est liberalissimum Principem nobis divinitus datum qui *omnes bonas artes* superiorum temporum iniuria in Gallia pene sepultas *in lucem revocaret:* cuius benignitate incredibili etsi tantum effectum est quantum optare perpaucis, sperare certe nemini in mentem venerat... ». Tuttavia l'umanista aggiungeva che molto restava ancora da compiere: « Munienda est arx ista litterarum non solum contra vim praesentem impetumque barbarorum quos repellere superstite Francisco rege non erit non difficile ». Restava quale sicura garanzia dell'avvenire il molto che già era stato fatto onde Bunel conchiudeva dicendo: « Francisci nomen antea inter Reges inauditum, ad ingenuas disciplinas instaurandas fatale mihi videtur ». Idee che non molto diversamente esponeva Marot nel suo *Enfer* (1526) quando rivolgendosi al re diceva:

> « O Roy heureux soubs lequel sont entrez
> (Presque periz) les lettres et lettrez! »

e quindi non mancava di ricordare tutti gli ostacoli che erano stati superati:

(89) Cfr. W. Heubi, *François premier et le mouvement intellectuel en France,* Parigi, 1913; J. Plattard, *François premier, père des lettres* in « Pubblications de l'Institut français en Portugal », Coîmbra, 1929, pp. 13; A. Tilley, *op. cit.*, vol. I, cap. I.

(90) Pierre Bunel, *Familiares aliquot epistolae in adulescentulorum Ciceronis studiosorum gratiam typis excusae,* Coloniae, 1568. In una lettera a François Olivier, cancelliere di Francia, ripete: « Facile enim intellectum est ex eo quod nuper te consiliario et impulsore, Rex, bonis omnibus plaudentibus, edixit de sanandis vulneribus quae superiorum temporum iniquitate Galliae nostrae imposita fuerunt ».

« Et d'autre part (dont noz jours sont heureux)
Le beau verger des lettres plantureux
Nous reproduict ses fleurs et grandz jonchées
Par cy devant flaistries et sechées
Par le froid vent d'ignorance » (91).

A questa barbara ignoranza finalmente dispersa accennava anche Budé quando in una lettera a Nicolas Bourbon (1529) ricordava quei tali predicatori che nei loro sermoni pareva cercassero sollevare la moltitudine contro gli studiosi della lingua greca (92). Josse Bade alle medesime difficoltà accennava quando, nella prefazione ad un nuovo commento di Orazio (1503), diceva: « Non ignorabamus invidulos (quos forsan paucos nonnullos tamen habere meruimus) haec nostra studia improbaturos quasi vero rei litterariae, dum illi imprudenter consulere studuimus, longe plus iacturae quam commodi fecerimus » (93). Qui troviamo specificato con quali argomentazioni gli oppositori intralciassero il cammino dell'umanesimo. Per parte sua Peletier, più tardi ricordando gli ostacoli incontrati dal padre il quale era a Le Mans uno dei pochi che s'interessassero agli studi, lamentava ch'egli fosse vissuto « in ea tempora quibus bonarum artium studia in Gallia vix nascebantur » (94). Tuttavia per essere gli studi finalmente risorti si rallegrava Nicolas Bourbon in una poesia *In laudem Dei Optimi Maximi* dove Iddio veniva ringraziato perché con la luce della sua sapienza disperdeva le tenebre dell'ignoranza, facendo ridiscendere la verità sulla terra dove da molti secoli una turba di pedanti aveva ridotto il mondo ad un mare di errori (95). Finalmente queste idee riassumeva Rabelais nel noto cap. VIII del *Pantagruel* mentre in una lettera ad André Tiraqueau le ripeteva in quel medesimo anno (1532) in lati-

(91) Marot, *Oeuvres complètes,* ediz. Grenier, vol. I, p. 54. Nell'*Enfer* Marot combatte soprattutto l'ignoranza dei giuristi e quindi ripete molti concetti di Budé.

(92) Budé, *Lucubrationes variae, op. cit.*, fol. 391; cfr. L. Delaruelle, *Répertoire analytique et chronologique de la correspondance de G. Budé*, Parigi, 1907, p. 231.

(93) Ph. Renouard, *op. cit.*, vol. II, p. 506.

(94) J. Peletier du Mans, *De constitutione horoscopi commentarium*, Basileae apud Ioannem Oporinum, 1563.

(95) Nicolas Bourbon, *Nugae*, Parigi, Vascosan, 1523. Cfr. L. De Santi, *Rabelais et Nicolas Bourbon* in « Revue du XVIe siècle », 1922, p. 171.

no (96). Ma il grande scrittore non aveva atteso quell'anno per partecipare la sua convinzione di lavorare alla formazione di una nuova età. Già nel 1521, in una lettera a Budé, scherzando su Plutone, diceva: « Pudet enim eum (ut obiter hic tibi congratuler) pudet, inquam, ipsum [*Plutone*] universis prope mortalium rebus priscum nitorem assecutis, deformem unum videri atque ridiculum » (97). Nel *Pantagruel* Rabelais ebbe il merito di dare forma artistica ad una concezione che i testi qui riportati e quanti ancora si potranno citare, dimostrano quanto fosse comune. Come ho già avuto modo di osservare i tentativi fatti dal Thuasne (98) e dal Delaruelle (99) per rintracciare le fonti della lettera di Gargantua sono stati vani poiché la vera fonte si trova nella concezione stessa della cultura del tempo che tutti gli studiosi allora ripetevano. Per questo non si potrebbe non acconsentire con il Sainéan quando a proposito di questo testo afferma: « Mais les rapprochements que nous présente à cet égard M. Thuasne ne font que plus lumineusement ressortir l'originalité de cette page immortelle qui à elle seule vaut autant que tout le fatras des humanistes » (100). Onde si può conchiudere che alla fine del terzo decennio del sec. XVI la Rinascita francese aveva trovato, nel suo lento procedere, il suo primo storico ed il suo primo artista i quali con una visione netta, anche se in modi differenti, ne segnavano i progressi e ne registravano il completo successo.

(96) Rabelais, *Oeuvres complètes*, ediz. Boulenger, Parigi, 1934, p. 224 e p. 968.

(97) Rabelais, *op. cit.*, p. 960.

(98) L. Thuasne, *La lettre de Gargantua à Pantagruel* in « Revue des Bibliothèques », 1905.

(99) L. Delaruelle, *Ce que Rabelais doit à Érasme et à Budé* in « Revue d'histoire littéraire de France », 1904, p. 251.

(100) L. Sainéan, *Les sources modernes du roman de Rabelais* in « Revue des études rabelaisiennes », 1912, p. 383. Cfr. F. Lot, *La vie et l'oeuvre de Rabelais*, Parigi, 1938, p. 194. Riprende ora il problema, con esatta visione storica, A. C. Keller, *Rabelais and the Renaissance Idea of Progress* in *Renaissance News*, II, 2, 1949, pp. 21-23.

V. - *Per opera di Dolet la filologia degli umanisti diventa esclusivista, giunge al purismo formale ed al libero pensiero* (rinascita = culto esclusivo del latino ciceroniano).

Budé, dopo aver scritto il *De Philologia*, si era fermato al principio della via che il suo trattato schiudeva e cosciente dei pericoli, si era prudentemente ritirato su di una posizione più sicura e tradizionale. Tuttavia non si arrestò l'interiore sviluppo dell'umanesimo. Questo trovò in Dolet lo studioso audace che negli anni che corrono tra il 1532 e il 1540 accolse la concezione, ormai validamente affermata dell'autonomia degli studi letterari e la portò alle ultime conseguenze (101). Per opera sua l'autonomia si fa esigente al punto d'essere esclusivista; la filologia non solo dimentica di essere via alla conoscenza della verità divina ma si fa strumento razionalistico, distruttore di ogni fede religiosa. Il gusto per il bello stile latino diventa purismo e quindi culto esclusivo per Cicerone. Si vedrà come questo sviluppo schiuda la strada alla lingua volgare. Ma prima di compiere questo ultimo passo che doveva essere fatale agli scrittori neolatini e bene augurante per la generazione dei poeti nuovi, dall'alto della sommità a cui avevano condotto cinquant'anni di studi classici, un ultimo sguardo viene gettato su tanta attività, quasi a voler fissare in una sintesi definitiva gli uomini e le loro opere.

Cotesta sintesi si trova nell'opera che apparentemente meno parrebbe poterla contenere cioè in quei *Commentarii linguae latinae* (1536-38) (102) dello stesso Dolet che, a buon diritto, sono ritenuti con le opere di Budé ed il *Thesaurus linguae graecae* (1572) di Henri Estienne, le ope-

(101) Cfr. M. Chassaigne, *Étienne Dolet*, Parigi, 1930; R. C. Christie, *Étienne Dolet, le martyr de la Renaissance*, trad. Stryienski, Parigi, 1886; O. Galtier, *Etienne Dolet, vie, oeuvre, caractère*, Paris, 1907; P. Champion, *Paris au temps de la Renaissance: l'envers de la Tapisserie*, Parigi, 1935, cap. XIX.

(102) *Commentariorum linguae latinae tomus primus Stephano Doleto Gallo Aurelio autore*, Lugduni apud Seb. Ghyphium, 1536, in-folio. Cfr. Imbart de la Tour, *op. cit.*, vol. III, p. 275; M. Chassaigne, *op. cit.*, p. 155.

re basilari dell'umanesimo francese. Quanto Dolet partecipasse alla comune coscienza della Rinascita lo prova già ampiamente la lettera da lui scritta a Francesco I come prefazione al primo volume dell'opera. Qui l'umanista riconosce anche lui apertamente tutti i meriti che il re aveva avuto nel favorire la ripresa letteraria. Per così insigne benemerenza Dolet gli dedicava il suo lavoro come a colui « cuius ope et opera, ascitis undique amplissima mercede viris doctis, Gallia tamdiu inscitiae atque artium ignorationis *tenebris sepulta,* situm tandem excusserit, *caput in lucem extulerit*, literas denique arripuerit atque didicerit ». Ma questo ed altri accenni (103) non erano che indizi della completa concezione storica che guidava l'attività del nostro autore. Infatti in una di quelle digressioni nelle quali egli soleva alleggerire la fatica della sua impresa, quando la musica non era più sufficiente distrazione (104), l'umanista traccia un panorama di tutta la rinascita europea (105). Quasi vent'anni dopo Erasmo, questa sintesi scritta dall'umanista più fieramente avverso all'olandese (106), parrebbe ripresentarci il medesimo elenco di autori e di opere, ripetendo il comune quadro storico. Ma la somiglianza è soltanto apparente poiché è mutato completamente il punto di vista. Non più il problema letterario di Erasmo guida ora Dolet nella scelta delle opere e degli autori ma quel nuovo problema che da esso si è sviluppato per una sua interiore necessità logica e quasi inconscia-

(103) Nella lettera a Budé l'umanista dice che le opere dell'amico « vivent nec tenebris obscuritateve opprimentur doctrinae splendore undique collucentia ». In un'altra lettera scritta a Francesco I, come prefazione al secondo volume (1538), Dolet ripete: « Satis nos nostra sponte currentes id etiam vehementius incitavit, scilicet ut qui ad hoc fere usque tempus barbariem Gallis innatam putarunt, a Gallis tandem latine loqui discant aut certe Gallos latine scire noscant ».

(104) Dolet, *op. cit.*, tomo II, col. 1294, al cap.: « Doleti quaenam voluptas extra studium literarium », l'umanista dice: « Musica, musica inquam et symphonia mea est una et sola voluptas ».

(105) Dolet, *op. cit.*, tomo I, ad vocem: literae, coll. 1156-57-58.

(106) Dolet, *De imitatione ciceroniana*, Lione, 1535, in-4º. Nel primo tomo dei *Commentariorum libri* riprende la polemica contro Erasmo (col. 265-298-1084-85-86) e difende Longeuil (ad vocem: eloquentia, col. 1234).

mente e certo contro la volontà stessa dei suoi primi promotori. Ora Dolet si preoccupa di mettere in luce quanto è stato fatto negli ultimi cento anni per giungere alla completa libertà degli studi letterari ed alla loro maggior raffinatezza. La barbarie è superata e debellata è la sua resistenza. Necessita ora perfezionare sempre più questo studio letterario per raggiungere la completa libertà del pensiero e l'assoluta padronanza della lingua che saranno le più preziose doti del sapiente. « Literarum dignitati nostra aetate tam feliciter atque eximie efflorescenti gratulabor », dice Dolet, ma osserva subito « nihil desit praeter antiquam ingeniorum libertatem et artium cum laude exercendarum facultatem », rivelando la sua vera preoccupazione quale avvertiva la sua coscienza storica. Questa era così vigile da non permettere che le manchevolezze osservate nascondessero la realtà del progresso compiuto, tanto più che quanto egli lamentava era difetto dei molti, non vizio di quei pochi a cui l'umanesimo era affidato. Dolet riconosce il fatto onde riandando nella memoria tutta la storia del movimento, egli risale fino a Lorenzo Valla da cui prende inizio la sua sintesi. Per descrivere il sorgere e lo svilupparsi degli studi umanistici egli immagina che l'esercito degli studiosi abbia dovuto sostenere una accanita battaglia contro un mostro spaventoso: la barbarie. A capo dei primi combattenti stava Lorenzo Valla (« Acie prima viam vi fecit aditusque rupit Laurentius Valla aequalium suorum centuriis adiutus ») che tentò il primo energico attacco contro il terribile nemico senza ottenere risultati definitivi. Lo seguirono meglio armati il Poliziano, Ermolao Barbaro, Pico della Mirandola, il Sabellico, il Crinito, il Filelfo, Marsilio Ficino e tutti i letterati di quell'età « quae in barbariem se sensim colligentem et vires recuperantem, quos modo recensuimus, immisit, eloquentiae armis satis probe instructos et ad propulsandam barbariem strenue animatos illos quidem ». Duri colpi ricevette il mostro ma non tali da ucciderlo fino a quando da ogni parte d'Europa giunsero nuovi aiuti che riportarono il definitivo trionfo: « At ecce tibi belli literarii fulmina tum ex Italiae, tum ex Germaniae, Britanniae, Hispaniae Galliaeque partibus in barbariem adhuc stantem ruunt, cristas adhuc iactantem et ostentantem quatiunt, concussam et manus tandem dedentem in triumphum ducunt ». Allora incomincia un nuovo periodo in cui i combattenti sempre più numerosi cercano di trarre tutti i vantaggi dalla loro vittoria e si adoprano ad ottenere la perfezione nell'eloquenza latina. L'Italia (« ut eloquentium hactenus parens fuit et nunquam divinis ingeniis destituta ») è sempre all'avanguardia con il Bembo, il Sadoleto, Battista Egnazio, Andrea Navagero, Lazaro Bonamico a cui si aggiungono i poeti quali il Pontano, il Vida, il Sannazzaro mentre Andrea Alciato scaccia la barbarie dal campo giuridico. Veramente bella coorte, osserva Dolet, e quale all'Italia non poteva fare maggior onore. Intanto anche la Germania « Italiae studiis incitata » entra nella battaglia. Reuchlin è il primo e lo seguono Rodolfo Agricola, Erasmo, Melantone e quindi tutta una schiera fra cui Beato Renano, von Hutten, Zasio, Enrico Glareano e tanti altri « partim artem oratoriam, partim poeticam, partim iuris civilis scientiam, partim medicinam a barbariae dominatu asserere cupientes ». Poi anche l'Inghilterra partecipa alla lotta con Tommaso Moro e Cutberto Tunstall; quindi la Spagna con Lodovico Vives. Un posto speciale è riconosciuto alla Francia (« Galliam in ordine postremam collocavi ne me plus satis patriae favere calumnieris ») che interviene con una schiera di studiosi guidati da Budé e da Lefèvre d'Etaples. Tutti hanno un solo desiderio: « Ut linguae latinae fines longius proferant, operamque in id diligenter navent ac ipsam eloquentiam devicta barbaria in pristinam dignitatem restituant ». Ai primi si aggiungono Nicole Bérault 107), Germain de Brice (108), Lazare

(107) L. Delaruelle. *Notes biographiques sur Nicole Bérault, suivies d'une bibliographie de ses oeuvres et de ses publications* in « Revue des bibliothèques », 1902; Id., *Nicole Bérault* in « Musée belge », 1909, pp. 253-312. Cfr. Mann, *Erasme et les débuts de la réforme française,* Parigi 1934, p. 6 sgg.

(108) Allievo di Erasmo da lui conosciuto in Italia, fu in relazione con tutti gli studiosi del suo tempo. Segretario del cancelliere Jean de Ganay, canonico di Parigi nel 1519, elemosiniere del re, morì nel 1538. Si hanno di lui *Poematia duo* (1520), *Gratulatoriae quatuor epistolae* (1531), *Chordigerae navis conflagratio* (1513). Tradusse dal latino alcune opere di Giovanni Crisostomo.

de Baïf (109), Toussain (110), Salmon Macrin (111), Nicolas Bourbon (112), a cui seguono i giureconsulti quali Boyssoné (113), Michel de l'Hospital (114) ed i medici come Champier (115), Cop (116) e Rabelais (117). « Haec », conclude l'umanista, « undique comparata doctorum manus eam in barbariei castra impressionem fecit ut, ubi consistat, nullus ei sit relictus locus ». Così generale movimento di studi che, partito dall'Italia, aveva risvegliato le migliori menti di tutta l'Europa, non poteva non recare frutti copiosi. « Coluntur », osserva Dolet, « ut cum maxi-

(109) L. Pinvert, *De Lazari Bayfii vita ac latinis operibus et de eius amicis*, Parigi, 1889; Id., *Lazare de Baïf*, Parigi, 1900.

(110) H. Omont, *Le premier professeur de langue grecque au Collège de France, Jacques Toussain* in « Revue des études grecques », 1903. Cfr. A. Lefranc, *Histoire du Collège de France, op. cit.*, p. 173 sgg.; Id., *Les commencements du Collège de France* in « Mélanges Pirenne », vol. I, p. 577. Ramus in *Collectaneae praefationes* (Parigi, 1577) tesse un vivo elogio di Toussain, polemizzando con Turnèbe che a questo era succeduto.

(111) Numersi sono gli accenni dei contemporanei su Macrin (1490-1557) che era considerato il maggiore dei poeti neolatini. Cfr. J. Boulmier, *Salmon Macrin, l'Horace français* in « Bulletin du Bibliophile », nov. 1871. H. Chamard, *Joachim Du Bellay*, Lilla, 1900, p. 30 sgg.; P. De Nolhac, *Ronsard et l'humanisme*, Parigi, 1921, p. 4 sgg.; Delaruelle, *Répertoire, op. cit.*, p. 87, nota; P. Van Tieghem, *La littérature latine de la Renaissance. Étude d'histoire littéraire européenne*, Parigi, Droz, 1944, p. 259-260.

(112) Poeta neolatino tra i più fini, ebbe stretti rapporti con Rabelais (cfr. L. De Santi, *Rabelais et Nicolas Bourbon, op. cit.*). Di lui si ricordano le *Nugae* (1533) ristampate con aggiunte nel 1538. Tuttavia vale la pena di riportare il giudizio negativo di Giuseppe Scaligero (*Scaligerana*, Colonia, 1695, p. 127): « Doletus et Borbonius poetae nullius nominis ». Cfr. G. Carré, *De vita et scriptis N. Borbonii Vandoperani*, Parigi, 1888.

(113) Cfr. H. Jacoubet, *Jean de Boyssoné et son temps*, Parigi, 1930; F. Mugnier, *La vie et les poésies de Jean de Boyssoné*, Parigi, 1897.

(114) Cfr. Dupré-Lasale, *Michel de l'Hospital avant son élévation au poste de chancelier de France*, Parigi, 1875.

(115) Cfr. Allut, *Étude biographique et bibliographique sur Symphorien Champier*, Lione, 1859.

(116) Medico del re, traduttore di Ippocrate e Galeno, amico di Aleandro ed Erasmo a cui scrisse per invitarlo a venire a Parigi.

(117) Rabelais in quegli anni aveva già pubblicato il *Pantagruel* (1532) ed il *Gargantua* (1534); Dolet, come molti dei suoi contemporanei, lo considera soprattutto come cultore della scienza medica.

me, literae; efflorescunt artium omnium studia, omnes ad veri aequique cognitionem (quae tamdiu iacuit) literarum praesidio evehuntur ». Gli studi classici spingono le intelligenze alla riflessione e più matura rendono l'umana saggezza finalmente conscia delle possibilità del suo pensiero. « Nunc se noscere mortales didicerunt, nunc in rerum omnium *luce versantur* qui *antea tenebris obducti* ad omnia misere caecutiebant. Nunc demum a brutis vere differre videntur animo tam diligenter artibus exculto et sermonis... splendore tam accurate comparato ». Per cotesta più matura civiltà Dolet si mostra grato agli umanisti ai quali egli attribuisce ogni merito e tutti gli onori per aver saputo realizzare la felicità della repubblica platonica.

In verità qui Dolet sognava realizzata non una repubblica retta dai filosofi bensì dai letterati che dall'antichità traessero norme per la vita quotidiana ed insegnamento per la sociale saggezza; una repubblica dove il libero pensiero di ognuno fosse accettato da tutti per la squisita eleganza della forma latina; dove quest'ultima fosse regolatrice suprema di ogni gusto e per esso norma di ogni bellezza. Fino a qual punto questo fosse un sogno l'avventuroso umanista non capì nelle carceri di Lione né durante le sue peregrinazioni di città in città; neppure nell'esilio piemontese; ed è dubbio se lo abbia compreso di fronte al rogo della piazza Maubert. Tuttavia in quegli anni in cui scriveva i suoi *Commentarii* non pochi degli amici del *Sodalitium lugdunense* dovevano pensare come lui e se non altri almeno Rabelais che nella *Abbaye de Thélème* aveva minutamente descritto quella comune illusione. Tutti quanti credevano nelle capacità rinascenziali degli studi letterari perché ne constatavano ogni giorno i benefici effetti. Ma in modo particolare essi avevano fiducia nelle lettere quali maestre di vita umana che in esse soltanto trovava la via per il suo indirizzo spirituale. Onde gli studi letterari non furono più soltanto preparazione alle altre discipline, autonome educatrici dell'intelligenza, ma di questa unici regolatori perché soli sapevano indicarne la bellezza e la verità. Per questo Dolet stesso non temeva di paragonare agli dei alcuni suoi contemporanei come il Bembo ed il Budé, Sadoleto e Melantone perché « generis divini plane et deorum immortalium gentiles sunt atque affines, non nominis quidem atque appellationis similitudine sed ingenii atque virtutum omnium laude et praestantia» (118), Quelli venivano riconosciuti quali capi della nuova repubblica in cui le doti intellettuali erano in onore e la sapienza unica dea. In essa la storia dell'umanesimo si esauriva perché aveva raggiunto la sua meta che ora non si doveva che difendere e conservare.

E' facile constatare come in quel periodo che corre dal 1532 al 1540 il concetto di Rinascita si arricchisse di un nuovo e più profondo significato umano sconosciuto ai precedenti periodi. Per esso la storia di tutto il movimento acquistava un unico valore cioè quello di aver preparato il trionfo del libero pensiero espresso nella perfetta lingua latina (119). Quanti erano stati gli studiosi che prima di quel tempo avevano operato, tutti non altro avevano fatto che preannunziare quel trionfo. Gaguin era ormai così lontano da poter essere misconosciuto e dimenticato; Erasmo, morto da qualche anno (1536), restava maestro di pochi, mentre per i più parlava un linguaggio superato; lo stesso Budé negli ultimi anni della sua laboriosa vita (+ 1540), era considerato un precursore e diventava un uomo da ammirare non da ascoltare. La rapidità dello sviluppo era tale che il trionfo di oggi era soltanto la preparazione di quello di domani e gli uomini passavano sulla scena letteraria strappando all'oblio appena le opere più espressive del generale progresso.

Per questo i più acuti degli umanisti di quel tempo, attratti dalla bellezza della loro concezione, interpretavano tutto un passato ancora recente in funzione della sua affermazione e si rendevano così, verso di questo, ingrati. I minori invece, quelli meno preparati alla comprensione dei fenomeni storici, si limitavano a ripetere la comune concezione, fatti più attenti dalla loro stessa particolare visione, alle difficoltà, agli ostacoli ed alle polemiche incontrate per il riconoscimento della propria idea. Fra questi stupisce trovare Marot? La verità è che egli, pur non essendo propriamente un umanista, sentì il fascino della nuova concezione della Rinascita ed a questa recò il suo contributo scrivendo a proposito della nascita del terzo

(118) Dolet, *op. cit.*, tomo II, col. 326 (ad vocem: homo).
(119) H. Busson, *Les sources et le développement du rationalisme dans la littérature française de la Renaissance*, Parigi, 1922, p. 121 sgg.

figlio di Renata di Francia un inno in onore della nuova età. Egli si faceva introduttore nella cultura francese del nuovo principe e lo assicurava che avrebbe trovato incominciata « la guerre contre ignorance et sa trouppe insensée », per la quale guerreggiava il re Francesco I di cui nuovamente ricordava l'opera in favore del rinnovamento letterario (120). Ma in quello stesso anno (1535) Marot si era pure rivolto direttamente al re. Per motivi personali si lamentava della « ignorante Sorbonne » che contrapponava alla « trilingue et noble académie » per mezzo della quale egli affermava essersi riaccesa « la chandelle par qui maint oeil voit mainte vérité ». E si domandava a modo di conclusione: « Et qu'est-il rien plus obscur qu'ignorance? » (121). Con non minore chiarezza accennava alla rinascita Salmon Macrin che con ogni sua attività aveva aderito al movimento, tanto da essere giudicato dai suoi contemporanei il maggiore dei poeti neolatini. Egli infatti dedicando una poesia (1537) alla memoria di Lazare de Baif che tutti reputavano emulo di Budé per la sua erudizione classica, dopo aver accennato ai meriti dell'ambasciatore presso la repubblica veneta, ricorda quale valido contributo egli abbia recato nella lotta contro la barbarie anti-umanistica. Quindi il poeta continua dicendo dell'aiuto prestato in questa lotta da Budé e come la lotta sia stata molto impegnativa (« contra loquacem barbariem tibi est contentio acris ») fino a quando Baïf, con le sue stesse opere, vinse ogni resistenza:

« Et luce librorum fugantur
Cimmeriae tenebrae tuorum » (122).

Né diversamente il poeta scriveva rivolgendosi agli altri poeti francesi che lodava per le loro opere ed incorag-

(120) Marot, *Oeuvres complètes, op. cit.*, vol. I, p. 61. Cfr. J. Plattard, in « Revue des études rabelaisiennes », 1912, p. 326: « Ame légère et mobile, Marot subissait l'influence des esprits distingués et delicats. Il avait épousé la cause des humanistes contre la faculté de théologie, farouche gardienne des traditions médiévales et avec une désinvolture de page et espièglerie d' « escholier » il avait nasardé les maîtres de la Sorbonne ».

(121) Marot, *Oeuvres complètes, op. cit.*, vol. I, p. 201.

(122) S. Macrin, *Hymnorum libri VI*, Parisiis, 1537, pp. 83-84. Cfr. quanto dice del padre A. de Baïf, *Ode au Roi Charles*, in « Revue de la Renaissance », 1903, p. 300. Ronsard, *De Feu Lazare de Baïf*, in *Oeuvres complètes*, ediz. Laumonier, II, pp. 60-61.

giava nella loro attività. Per merito di questa, egli diceva, la Francia « quae barbara dicebatur olim » perché gli studi letterari vi erano disprezzati, ora poteva essere orgogliosa della sua civiltà tanto da non temere il paragone con Atene e con Roma. Certo essa non era inferiore alla civiltà italiana (« nec sese Italia putet minorem ») (123). Che la civiltà romana fosse passata in Francia sosteneva con maggiore abbondanza di argomenti Lamberto Campester che nel 1538 scriveva una *Oratio laudatoria pro Francisco Valesio* (124) in cui si metteva in luce l'importanza che gli studi letterari avevano acquistato durante il regno di Francesco I. Egli spiegava come « omnis illa florentis olim imperii apud Romanos maiestas, splendor, gloria... omnis transisse videtur ad Galliam et ibidem consedisse » (125). Il nuovo splendore era tale che « qui e media Gallia ad alia regna se transfert, videtur plane e Christiano orbe ad mediam Barbariam transmigrare ». Il nostro autore lodava l'università parigina e quelle che di non minore fama brillavano nelle provincie, come Tolosa e Poitiers. Ma facendo egli parte della corrente avversa agli studi umanistici, lamentava che un così generale risveglio fosse turbato dalla « novitas ingeniorum ». Questa era giudicata più pericolosa dei Turchi o della perfidia luterana perché trascinava la gioventù con lo studio della lingua greca ed ebraica verso mille pericolosi errori. Infatti egli si domandava: « Ut de reliquis sileam, quae per Deum immortalem insania hoc tempore iis legibus, moribus, sacris currentibus, durantibus, ciceronianam illam eloquentiam tantopere affectare vel persequi? ». Alla domanda da oltre un secolo gli studiosi rispondevano con le loro opere. Resta tuttavia interessante osservare con questo esempio come anche i tradizionalisti accogliessero dagli umanisti la concezione della Rinascita e la adattassero alla loro specifica mentalità.

Non certo si lamentava del risorgere degli studi greci

(123) S. Macrin, *Ad Io. Bellaium*, in *Hymnorum libri VI, op. cit.*, p. 36. Cfr. H. Chamard, *J. Du Bellay, op. cit.*, p. 105-106; P. de Nolhac, *Ronsard et l'humanisme, op. cit.*, p. 4.

(124) A. Roersch, *Un contrefacteur d'Erasme, Lambertus Campester*, in *Gedenkschrift zum 400 Todestage des Erasmus von Rotterdam*, Basilea, 1936, pp. 113-124 (il testo in appendice, pp. 125-129).

(125) Testo citato da A. Lefranc, *Les grands écrivains de la Renaissance*, Parigi, 1914, p. 88.

ed ebraici Antoine Héroët quando presentava al re la sua opera *Androgyne nouvellement traduict de latin en françays* poiché nella prefazione (1536) egli inneggiava al rinascimento così:

> « Livres estoyent par enormes delicts
> Auparavant morts et ensepveliz,
> Doctes estoient par ignorantz tués;
> De vostre regne on voit restitués
> Grec et hebrieu (langages trop hays)
> Et les bannys remys en leurs pays » (125 bis).

Per i medesimi meriti lodava Francesco I anche Barthélemy Le Masson (Latomus) quando nel 1534 nominato professore di latino al Collège de France nella sua prolusione *De studiis humanitatis* (126) si diceva soddisfatto di vivere in una età tanto gloriosa ed accennava in una breve sintesi storica alla decadenza della civiltà romana, alla distruzione delle biblioteche per opera dei Goti, all'opera compiuta da Carlo Magno e quindi a tutta la lenta ma efficace opera degli umanisti. Quando Le Masson ritornò, nell'ottobre del 1540, da un viaggio in Italia, pronunciò un nuovo discorso per dire quale grande impressione egli avesse riportato dal contatto con la rinascita italiana. Ricordò lo splendore di Venezia e quello di Ferrara dove Renata di Francia (« mulier decus et specimen matronalis sexus ») accoglieva con fasto regale artisti e letterati ed i francesi favoriva nei loro rapporti con gli italiani. Disse quale stupore avesse provato arrivando a Roma, « volvens animo quanta fuisset quondam illa inclyta imperii orbis terrarum sedes, quam dispar praesens fortuna ». E conchiudeva ricordando come la civiltà francese avesse saputo rapidamente accogliere e rifare per conto suo quella italiana alla quale ora poteva, con tutta serenità, essere paragonata.

In conclusione quei letterati sentivano così profondamente l'importanza storica del movimento umanistico e tanto comprendevano il valore della nuova età che essi non mentivano a sé stessi quando credevano di vivere in un

(125bis) A. Héroët, *L'Androgyne de Platon*, in *Oeuvres poétiques*, ediz. F. Gohin, Parigi, 1943, p. 75, vv. 81-86.

(126) Testo citato da E. Champion, *Notes sur un Recueil*, in « Mélanges Picot », Parigi, 1913, vol. II, pp. 194-197; cfr. A. Lefranc, *Un professeur de latin au Collège de France*, in « Mélanges Pirenne », Bruxelles, 1926, pp. 12-13.

secolo d'oro. E come poteva essere diversamente se poche altre volte nella storia della cultura si era visto attribuire tanta importanza agli studi letterari e considerare con più rispetto i letterati ed ammirare con maggior gusto le opere d'arte? A buon diritto Marot che pure grandi fortune non aveva accumulato facendo il poeta, poteva dire, lodando l'opera del re suo protettore:

« O siècle d'or le plus fin que l'on treuve
Dont la bonté sous un tel roy s'espreuve » (127).

Egli affermava in tal modo come un fatto compiuto quanto Erasmo aveva intuito e quanto ancora due anni dopo (1537) Salmon Macrin constaterà domandandosi:

« Quis rediisse iterum Gallis Saturnia regna
Aureaque hoc nostro secula Rege neget? » (128).

VI. - *Dal latino al francese* (rinascita = culto del volgare).

Come dal culto esclusivo per la lingua latina considerata quale madre di tutte le scienze e di tutte le arti nuovamente rifiorenti, i letterati francesi siano passati alla esaltazione della lingua nazionale e come questo risveglio si sia manifestato principalmente nel decennio che precede l'opera polemica di Du Bellay e le prime poesie di Ronsard, non starò a spiegare qui minutamente (129). Tuttavia si accennerà alla causa fondamentale quando si osservi che l'evoluzione era inevitabile perché implicita nel programma stesso degli umanisti ciceroniani. Nel loro intransigente purismo questi impedivano l'adattamento della lingua latina alle necessità del progresso culturale in genere e in specie di quello scientifico. Era cotesta la parte negativa del programma che Budé aveva compreso quando appunto nel *De Philologia* aveva sostenuto la necessità di non irrigidire la lingua latina in uno schema troppo assoluto (130). Ma i continuatori, con a capo Dolet, avevano

(127) Marot, *Oeuvres complètes, op. cit.*, vol. I, p. 62.

(128) S. Macrin, *Epigrammata: Ad Franciscum Regem*, in *Odarum libri VI, op. cit.*

(129) Cfr. H. Chamard, *J. Du Bellay, op. cit.*; F. Brunot, *Histoire de la langue française*, vol. II. 3ª ediz., Parigi, 1947, pp. 6-91; R. Morçay, *La Renaissance*, Parigi, 1937, vol. I, pp. 453-496.

(130) Budé, *De Philologia, op. cit.*, fol. 71, B.

preteso ad una sempre maggiore perfezione che per essere difficile e non comune, aveva allontanato dal latino molti degli studiosi ed in generale tutto il pubblico colto (131).

Per altro a questo passo non consigliava anche l'esempio dei letterati italiani sempre così presenti nella cultura francese di quel tempo?

Più frequenti adunque in quel decennio si fecero le voci in favore del francese. Furono proprio alcuni degli umanisti e non ultimo lo stesso Dolet a riprendere e diffondere il concetto della difesa della lingua nazionale che già da parecchi anni era stata da pochi fedeli opposta al latino con un'audacia poi presto frenata. E' significativo che proprio all'inizio di quel decennio Dolet, ciceroniano se altro mai, pubblicasse il suo trattato su *La maniere de bien traduire d'une langue en autre* (Lione, 1540) e volesse che Charles de Sainte-Marthe, in un proemio in versi, affermasse la necessità di non più trascurare il francese affinché anche alla lingua nazionale venisse da opere nuove quell'onore che le era dovuto (132).

Questa conversione degli umanisti, così importante per le sorti di tutta l'arte francese, trovò consenzienti sopra tutto i poeti e fra questi i seguaci di Marot che al latino non si erano voluti arrendere. Ma con essi anche quei tradizionalisti che spinti da più mature tendenze innovatrici, avevano trovato a Lione in Maurice Scève un maestro se non proprio un capo (133). Numerosi furono allora i letterati che si adoperarono a tradurre le opere latine e greche in francese, favoriti in questa loro attività dall'interessamento di tutte le persone di media cultura ed in special modo dagli uomini di corte e dallo stesso sovrano che quell'attività incoraggiava. Quando Marot traduceva i *Salmi,* nel 1541 Hugues Salel dava alle stampe la traduzione dei primi due libri dell'*Iliade;* nel 1544 Peletier e Lazare

(131) Dolet nel *De imitatione ciceroniana* (*op. cit.*, p. 174) sosteneva persino che era necessario purificare il latino usato dalla Chiesa e sostituire, per esempio, le parole: *apostolo, vescovo, scisma* con altre scelte da Cicerone.

(132) Cfr. *La poésie française de Charles de Sainte-Marthe, natif de Fontevrault en Poictou divisé en trois livres*, Lyon, Le Prince, 1540, p. 78.

(133) Cfr. A. Baur, *Maurice Scève et la Renaissance lyonnaise,* Parigi, 1906.

de Baïf traducevano rispettivamente l'*Arte poetica* di Orazio e la *Ecuba* di Euripide (134) mentre Bonaventure Desperiers e Jean Martin traducevano in francese, forse per la prima volta, liriche di Orazio e Claude de Seyssel si dedicava ad Appiano. Ancora nel 1546 Richard Le Blanc traduceva il dialogo platonico *Ione* e nel 1549 Sebillet l'*Ifigenia* euripidea e Colet brani di Eliodoro e Macault le *Filippiche* di Cicerone mentre l'anno prima Nicole Bérault aveva tradotto Luciano (135). Rapido elenco questo ma sufficiente per dimostrare quale accoglienza avesse avuto tra i letterati la più matura concezione umanistica e quale diffusione.

Il primo e più caratteristico effetto di questo nuovo progresso fu il parallelo evolversi del concetto di Rinascita che per essere strettamente legato a tutta la cultura, di questa ne esprimeva il più profondo significato. Non è dubbio che, a prima vista, stupisce tanto rapido mutamento. Appena dopo pochi anni da quando in modo apparentemente definitivo Dolet aveva indicato, con una sintesi generale, il più alto punto a cui era giunta la visione storica degli umanisti, cotesta visione viene mutata e direi capovolta e laddove si ammirava il più bel fiore latino rinato a nuova vita, si sostituiva, pur con ribellioni e contrasti, quello francese. Ma lo stupore cessa quando si pensi che questa concezione finalmente raggiunta rappresentava la sola e la più vera e la più umana rinascita che potesse essere affermata e vantata. Essa sola testimoniava nella sua originalità la potenza del genio nativo ormai liberamente avviato a tutte le sue possibili manifestazioni. Con questo definitivo progresso la Rinascita acquistava in Francia una caratteristica tutta sua, quale soltanto il nuovo e non confondibile ripensamento della concezione umanistica aveva potuto produrre. Rinascita allora significò ritorno esclusivo alla lingua francese e la sua difesa contro quanti ad essa opponevano il latino e la sua esaltazione con opere di poesia e di letteratura.

Nessuno meglio di Du Bellay poté esprimere questa

(134) La falsa attribuzione di questa traduzione a Baïf ha cercato di dimostrare R. Sturel, in *Mélanges E. Chatelain* (Parigi, 1910), p. 576 sgg. e in « Revue d'hist. litt. de la France », 1913, p. 280 sgg.

(135) Cfr. M. Delcourt, *Étude sur les traductions des tragiques grecs et latins en France depuis la Renaissance,* Bruxelles, 1925; J. Bellanger, *Histoire de la traduction en France,* Parigi, 1903.

nuova concezione perché egli fu il portavoce dei poeti della *Brigade* i quali più di tutti seppero valutare con storica intuizione il passato della cultura francese e prevedere le possibilità dell'avvenire. Anche Du Bellay rifaceva l'elogio di Francesco I e ne lodava l'opera in favore del rinnovamento degli studi. Ma pur servendosi quasi alla lettera della formula che gli umanisti avevano tutti usato, egli rivolgeva le comuni lodi non al latino ma al francese. « Mais à qui, après Dieu, rendrons nous graces d'un tel benefice, si non à nostre feu bon roy et père François, premier de ce nom et de toutes vertuz? Je dy premier, d'autant qu'il a en son noble royaume premierement *restitué tous les bons arts et sciences en leur ancienne dignité* et si a nostre langaige au paravant scabreux et mal poly, rendu elegant et si non tant copieux qu'il poura bien estre, pour le moins fidele interprete de tous les autres? » (136). La preferenza egli stesso spiegava nell'ultimo capitolo del suo trattato dove l'esempio di Pietro Bembo era quanto di meglio il giovane letterato potesse ricordare a sostegno della suo tesi. Egli infatti si preoccupava di dimostrare la legittimità dell'ultimo sviluppo compiuto dalla concezione umanistica. Per conto suo e non a torto, egli spiegava, come avevano già fatto tutti i suoi predecessori, che quella raggiunta era la meta a cui aveva in modo fatale teso tutta l'opera degli umanisti francesi. Di questi proprio i più insigni, Budé e Lazare de Baif, avevano scritto in volgare quasi a dimostrazione effettiva della loro più profonda intenzione (137). Egli poteva quindi con tutte le speranze che gli offriva la bontà della sua concezione, guardare con certezza alla nuova luce della Rinascita e disprezzare i tentativi di oscurarla fatti da certi malevoli poeti a cui accenna quando dice:

> « Malgré la nuit, qui espere
> Sortant de son noir sejour
> Rebander (ô vitupere)
> Les yeux de nostre beau jour » (138).

(136) Du Bellay, *La deffence et illustration de la langue françoise*, libro I, cap. IV, ediz. Chamard, 1948, p. 29.

(137) Du Bellay, *op. cit.*, libro II, cap. XII, p. 192 sgg.

(138) Du Bellay, *Contre les envieux poetes*, in *Oeuvres poétiques*, ediz. Chamard, vol. IV, p. 49, vv. 141-144.

In modo più particolare nella *Musagnoeomachie* (139) descrive la lotta contro il mostro dell'ignoranza alla cui uccisione si erano adoperati tanti nobili ingegni. Du Bellay nomina tutti i poeti moderni perché tutti, anche se in diversa misura, avevano lottato per il trionfo contro la barbara ignoranza. E fra questi Peletier ha un posto speciale e Baif e Dorat:

> « Dont l'art bien elabouré
> de l'or de Saturne encore
> a ce siecle redoré »

La poetica descrizione termina con un vero inno ai poeti nuovi ai quali Du Bellay tributa gli onori del trionfo romano. Così viva era in lui l'impressione che la cultura francese uscisse da un periodo di ignorante disprezzo; tanto sincero era il suo entusiasmo per i nuovi favori che venivano offerti agli artisti; e per altro, così sensibile era la sua anima per i disprezzi patiti e quanti ancora doveva subirne l'arte, che non tralasciava occasione per ricordare questa e lodarla. Si rivolge alle dame di Augers e lancia un frizzo di disprezzo contro « la tourbe murmurante des professeurs de sagesse ignorante » (140); si rivolge alle Muse ed all'attestazione della sua devozione aggiunge un accenno all'« ignorance authorizée » (141). Infine dedica un sonetto a Scève ed afferma nuovamente la sua concezione riconoscendo nel poeta lionese uno dei promotori del movimento rinascenziale (142).

Se Du Bellay è il poeta che offre i testi più chiarificatori fra quanti in questo periodo ebbero la coscienza dei tempi nuovi, bisogna però aggiungere che anche qui egli non fa che ripetere e sintetizzare quanto avevano già detto altri letterati. Proprio fra i traduttori che Du Bellay pareva non valutare a sufficienza, quelli che nel decennio

(139) Du Bellay, *Musagnoeomachie*, in *Oeuvres poétiques*, ediz. Chamard, vol. IV, p. 3 sgg. Il passaggio che riguarda J. Dorat ai vv. 262-264.

(140) Du Bellay, *Aux dames angevines*, in *Oeuvres poétiques*, ediz. Chamard, vol. IV, p. 37; vv. 13-14.

(141) Du Bellay, *L'adieu aux Muses*, in *Oeuvres poétiques*, ediz. Chamard, vol. IV, p. 194; v. 68.

(142) Du Bellay, *Sonnet à Scève*, in *Oeuvres poétiques*, ediz. Chamard, vol. II, p. 288.

tra il 1540 ed il 1550 si adoperarono a far conoscere opere classiche ai francesi, ebbero profonda la coscienza storica del distacco che si veniva realizzando con il trionfo della lingua francese. Nel 1545 Hugues Salel faceva precedere la continuazione di quella sua traduzione dell'*Iliade* a cui già si è accennato, da una prefazione indirizzata a Francesco I (143) in cui spiegava per quali ragioni storiche e letterarie egli avesse intrapreso quella fatica. Al suo re il valente letterato, dopo aver accennato alle qualità estetiche e morali della poesia omerica, spiegava di essere stato spinto a quel faticoso lavoro dal desiderio di contribuire al rinnovamento artistico francese. Egli dimostrava quale vivo sentimento nazionale sorreggesse la sua opera letteraria che vedeva « reluisans d'un clair splendeur » come le armi francesi ugualmente vittoriose. E' pur vero che Salel non taceva quali critiche fossero fatte alla sua opera e come fosse accusato di travisare il canto del poeta greco. Ma egli rispondeva giudicando un fatto iniquo vituperare quella sua nobile fatica per merito della quale

« ...plusieurs arts qui n'estoient en lumière
sont ia rendus en leur clarté première
Et le scavoir autrefois tant couvert
Est maintenant à chacun descouvert ».

Continuando pareva quasi rispondere a Du Bellay anticipatamente mentre rispondeva a coloro che facevano poca stima delle traduzioni (144) ed osservava quale somma di cognizioni e di esperienze tecniche fosse necessaria per tradurre così alte opere classiche nel non sempre adattabile francesce. Tuttavia quella fatica, pur con l'ingratitudine dei tradizionalisti, non venne misconosciuta dai poeti nuovi. Ronsard per tutti dirà l'elogio di Salel al quale verrà riconosciuto il grande merito di essere stato un precursore (« qui des premiers chassa le monstre d'Ignorance ») (145).

(143) *Les XXIII livres de l'Iliade d'Homere traduits du grec en vers français - Les XI premiers par H. Salel, les XIII derniers par A. Jannin*, Parigi, 1599. Cfr. L. A. Bergoumions, *Hugues Salel*, Tolosa, 1930.

(144) Fra questi vi era anche Saint-Gelays. Cfr. Ronsard, *Oeuvres poétiques*, ediz. Laumonier, vol. VI, p. 34, nota.

(145) Ronsard, *Oeuvres poétiques*, ediz. Laumonier, vol. VI, p. 33, vv. 37-38.

Già l'anno prima, nel 1544, Peletier du Mans, presentando la traduzione francese dell'*Arte poetica* di Orazio con una prefazione (146) nota appunto per la sua importanza nella storia letteraria di quel periodo, dedicava ampie lodi agli scrittori che con nuovo ardore si erano dedicati a « faire valoir » la lingua francese. Questa infatti da Lemaire de Belges avviata sul cammino del progressivo arricchimento, aveva incominciato in quegli anni il suo rifiorire. Onde lo scrittore osservava: « Et maintenant elle prend un tres beau et riche accroissement sous notre très chrétien roi François, lequel par sa liberalité roialle en faveur des Muses s'efforce de faire renaître celui siècle très heureux auquel sous Auguste et Mecenas a Rome florissoint Virgile, Horace, Ovide, Tibulle ...tellement qu'a voir la fleur ou ell'est de present, il faut croire pour tout seur que, si on procède toujours si bien, nous la voirrons de brief en bonne maturité ». Questa coscienza di una rinascita affidata tutta al rinnovato uso della lingua francese, Peletier ripeteva in una *Epitre a François Ier* (147) a cui dedicava le sue *Oeuvres poétiques* del 1547 e meglio ancora manifestava più ampiamente nel proemio del primo libro della sua *Arithmétique*, pubblicata a Poitiers nel 1549 (148). Peletier si dimostra ancora una volta, con questa chiara visione storica, una delle menti più aperte di tutto il Rinascimento francese ed anche una delle più acute. Nella sua concezione si trova nettamente formato lo schema storiografico che tra l'epoca classica e quella moderna, frappone un'età di mezzo considerata completamente ignorante e barbara riguardo agli studi. « Le temps, dice Peletier, s'est si fort dementi que toutes les professions liberales qui avayent si bien faict prosperer, ont quasi esté mises à non chaloir et à néant par toutes nations, tout un grand espace jusque à nostre aage ». Per spiegarsi questo fatto storico che lo rende pensoso, l'umanista paragona la storia ad un campo (« le temps a faict ainsi que la terre labourable ») che deve es-

(146) Testo pubblicato in appendice all'ediz. critica de l'*Art poétique* (1555) a cura di J. Boulenger, Parigi, 1930, p. 229 sgg.

(147) J. Peletier du Mans, *Oeuvres poétiques*, ediz. Séché, Parigi, Revue de la Renaissance, 1904, p. 5 sgg.

(148) J. Peletier du Mans. *Arithmétique*, Poitiers, 1549. Cfr. Laumonier, in *Oeuvres poétiques* di Peletier, *op. cit.*, p. 154. Edizione critica di Binet, *Vie de Ronsard*, Parigi, 1910, p. 57.

sere lasciato per un certo periodo in riposo onde possa poi dare maggiori frutti. E così infatti è avvenuto. Dopo un intervallo di parecchi secoli, nuovi ingegni hanno ora dimostrato in tutte le discipline di saper rinnovare i secoli più belli dell'antichità. « Quel temps, si domandava Peletier, s'est-il jamais trouvé plus florissant en Philosophie, Poesie, Peinture, Architecture et inventions nouvelles de toutes choses necessaires à la vie des hommes que le nostre? ». E continuava con la soddisfazione dello studioso: « Si le bien estoit capable, je pourroye remplir la feuille d'innumerables personnages d'excellence que j'ameneray d'Allemagne, d'Italie, d'Espagne et que je prendraye en nostre France: lesquels je n'auroye honte de comparer aux anciens en quelque profession que ce fust ». Ma è facile supporre che se Peletier avesse scritto l'enumerazione che era nelle sue intenzioni, egli ci avrebbe dato un'altra sintesi panoramica come già Erasmo, come Dolet. Egli invece, come Budé, preferisce riflettere sul curioso alternarsi dei periodi storici e come a secoli di abbandono culturale altri ne seguano, ricchi di tutte le più belle manifestazioni dell'intelligenza umana. « Nous voyons que le temps se montre évidemment favorable à une génération d'homme plus qu'à l'autre; lequel quand bon luy semble *met les choses en lumière;* puis après les avoir couvertes du voile de l'obliance assez longuement, par ses révolutions, il ressuscite ses richesses, beautés et magnificences ». La decadenza medievale lo rende pensoso. Egli non nega che in quel periodo vi siano stati uomini desiderosi di conquistare le più alte mete della cultura. Il difetto consiste nel fatto che essi non sono riusciti completamente nei loro propositi, restando a mezza via a causa della debolezza dei loro ingegni. « ...Lesquels quoy qu'ils se soyent peinés et qu'ils ayent en persuasion de bien faire, si n'ont-ils rien apporté aux bonnes lettres que Barbarie, à la Philosophie que Sophisterie, à nos mathématiques que ténèbres, à la médecine qu'abusion et en somme quasi partout qu'hypocrisie ».

Il valore sempre più esclusivo di questa rinascita della lingua volgare riconosceva anche Muret nella prefazione alle sue poesie giovanili (149). L'umanista ricordava co-

(149) M. A. Muret, *Iuvenilia,* Parisiis, ex officina Viduae Maurici a Porta in clausos Brunello, 1552, p. 9.

me Ronsard per primo e poi Du Bellay e Baïf avessero riassunto tutti gli sforzi fatti dai poeti precedenti facendo progredire con il loro talento poetico la poesia francese a tal punto che « ut res vel ad summum pervenire iam vel certe haud ita multo post perventura esse videatur ». Ma cotesto riconoscimento non era altrettanto entusiasta quanto quello di Peletier perchè Muret si rammaricava che non altrettanto si potesse dire della poesia latina che egli vedeva sempre più trascurata e non più sorretta da alti e valorosi talenti poetici. L'umanista non comprendeva, oppure si rifiutava di comprendere, come ormai al volgare fosse affidata la fortuna della Rinascita francese che per per qualche ritardatario e per molti tradizionalisti avrebbe dovuta essere affermata soltanto dalla poesia latina.

Per questo i letterati che si radunavano attorno a Ronsard erano perfettamente consapevoli dell'ultimo progresso compiuto. Gli altri, ed erano la maggioranza, continuavano a ripetere la comune concezione che si riferiva al rinnovamento degli studi in generale, fossero questi quelli umanistici oppure quelli letterari e poetici. Giustificavano cotesta non perfetta intuizione storica le difficoltà che ancora si opponevano al trionfo delle idee più nuove che per la loro stessa caratteristica potevano sembrare non uno sviluppo ma una opposizione a quanto l'umanesimo aveva per tanti anni proclamato. Onde gli ostacoli non diminuirono ma aumentarono e dalla parte degli « ignoranti » si schierarono non pochi valenti umanisti dei quali non si possono dimenticare le testimonianze sulla loro convinzione di cooperare, anche a quel modo, al Rinascimento.

A questa cooperazione non poteva certo credere Peletier perché egli caldeggiava la corrente innovatrice e quindi era insofferente delle difficoltà che ancora dovevano essere superate. Scrivendo a Francesco I nel 1547 enumerava tutti gli ostacoli che le Muse avevano incontrato per trovare sede degna in Francia e nel 1581 non nascondeva il suo sdegno contro gli scolastici che si opponevano al nuovo metodo con cui venivano studiate le matematiche (150).

(150) J. Peletier du Mans, *De contactu linearum commentarius*, Parisiis, 1581, fol. 18, V. Nelle poesie raccolte nel 1547 una è rivolta *A ceux qui blament les Mathematiques*. Cfr. *Oeuvres poétiques, op. cit.*, p. 104. Si veda pure: *Oratio Pictavii habita in prae-*

Già in una orazione del 1544 (151) Ramus aveva accennato ai medesimi fatti. Con non minor chiarezza di Peletier egli dimostrava di aver netta la coscienza della nuova età. Il filosofo ricordava come le discipline matematiche fossero attentamente studiate in Grecia e quindi in Italia di dove, unitamente a tutte le arti liberali, erano passate in Francia. Qui per un lungo periodo di tempo erano state trascurate. « At quae nubes, quae tempestates, quae noctes temporum coortae interea sunt? ». Inorridisce Ramus a tale domanda ed aggiunge « nec tantam calamitatem necesse est acerba praeteriti doloris commemoratione renovare ». Tuttavia erano mutati i tempi (« ecce autem conversis mutatisque temporibus, de repente cum nova lux Regis unius virtute nobis affulserit ») per cui anche le matematiche avrebbero dovuto ora ritornare ad avere quell'onore che l'antichità aveva loro riconosciuto. Poiché anche coteste discipline partecipavano della sapienza divina di cui erano una emanazione ed a cui per altro riportavano gli uomini poiché, spiegava il filosofo « non humanum mediusfidius sed divinum quoddam ac caeleste bonum est ignoratione animum liberare ». Argomento questo di capitale importanza con il quale gli umanisti legittimavano da secoli la loro attività di studiosi di fronte agli intransigenti che misconoscevano ogni importanza religiosa alla scienza ed alla cultura. Argomento che riprenderà nel 1546 Richard Le Blanc nella prefazione del dialogo platonico *Ione* tradotto in francese (152), quando accennerà: « Poesie donc est un don divin. Et tout ce que les poetes excellentz soient Grecz, Latins ou Francoys ont faict, dict et composé, il procede de la grace divine ». Con questo argomento gli umanisti si prefiggevano di continuare l'assorbimento graduale nella cultura cristiana di tutto il patrimonio classico che già i Padri avevano considerato una anticipazione dell'insegnamento evangelico. Giova pertanto osservare che a questo principio a cui erano sempre rimasti fedeli, gli umanisti francesi si richiamavano ancora

lectiones Mathematicas, ediz. P. Laumonier, *Revue de la Renaissance,* 1905, V, pp. 281-303.

(151) Ramus, *Collectaneae, praefationes, epistolae, orationes,* Parisiis, 1577, p. 284.

(152) Testo pubblicato da A. Lefranc, *Le platonisme et la litterature en France,* in « Grands Écrivains de la Renaissance », Parigi, Champion, 1914, pp. 125-126.

a metà del sec. XVI, proprio quando parevano più nettamente opporsi ad ogni concezione medievale. E serva questo caso come esempio della debolezza filosofica della loro concezione storiografica che mentre da un lato segnava una opposizione tra la Rinascita ed il Medio Evo, da un altro non poteva non riconoscerne ed accettarne gli stretti rapporti.

Di questa debolezza e delle contraddizioni di una concezione così diffusa non dubitava Ramus che pure era la mente filosofica più preparata che avesse in quel periodo lo studio parigino (153). Tanto quegli studiosi si sentivano differenti per mentalità e cultura da quanti li avevano preceduti e così profonda era la loro convinzione nelle possibilità degli studi letterari! Nelle sue *Dialecticae partitiones* del 1543 il nostro filosofo lodava Francesco I perché aveva risvegliato le arti liberali « multis iam saeculis iacentes » (154) e nel 1544 tracciava a sua volta un rapido quadro di tutta la Rinascita (155) quale si era manifestata prima in Firenze per opera di Cosimo e di Lorenzo de' Medici e poi in Francia grazie agli italiani chiamati alla corte francese. E conchiudeva così: « Floruerunt bonae artes ac literae Florentiae et Lutetiae maioremque doctorum hominum et operum provectum saeculo uno vidimus quam totis antea quatuordecim saeculis maiores nostri viderant ». A sua volta accennava pure lui ad un nuovo secolo d'oro al quale aveva coscienza di aver contribuito per parte sua poiché si vantava di aver riportato in onore la dialettica (« illam dialecticae lucem ac veritatem ») strappandola « ex aristotelicis tenebris ». Non meno di Ramus pensavano di collaborare al rinascimento i suoi colleghi di insegnamento, Turnèbe e Pierre Galland che erano stati lungo tempo i più fieri oppositori del nostro filosofo. Il primo nel discorso

(153) Ch. Waddington. *Ramus (Pierre de la Ramée) sa vie, ses écrits et ses opinions*, Parigi, 1856, p. 341 sgg.. Non si dimentichi come la riforma degli studi voluta da Ramus nell'università parigina riveli una concezione umanistica veramente profonda. Cfr. *Collectaneae*, in *op. cit.*, p. 303-304, dove Ramus si vanta di leggere con una preoccupazione nuova i classici. Questo merito però non confermava Turnèbe (cfr. *Opera*, Argentorati, 1600, p. 73).

(154) Ramus, *Dialecticae partitiones*, 1543, (lettera ripubblicata da Waddington, *op. cit.*, p. 421).

(155) Ramus, *Collectaneae, op. cit.*, p. 180.

inaugurale del suo corso al Collège de France, tessendo l'elogio di Toussain a cui succedeva (156), osservava come in quel medesimo anno (1547) fossero morti insieme al suo predecessore anche Francesco I e l'umanista Vatable. L'oratore diceva quale grave danno rappresentassero quelle tre perdite in un momento in cui gli studi letterari più che mai erano al loro massimo splendore. Quindi non lasciava sfuggire l'occasione di descrivere minutamente questa rinascita letteraria che per opera di quei valenti ingegni « doctrinis obscuris lucem, scriptoribus mortuis vitam, litterarum candidatis magnum ad discendum adiumentum attulit ».

Non diversamente si esprimeva Pierre du Châtel nell'orazione (157) letta in occasione della morte di Francesco I del quale ricordava le numerose benefiche attività svolte a favore del suo popolo, non ultima quella in favore degli studi. « Et puis qu'il vient à propos des lettres, diceva l'umanista, le feu Roy ne les a pas seulement honorées magnifiquement en son royaume et dehors mais les a edifiées et plantées en son peuple par sa largesse et liberalité tant Latines, Grecques que Hebraiques ». A sua volta Pierre Galland, nella biografia di Pierre du Châtel, enumera tutti i provvedimenti che il grande Elemosiniere di Francia aveva attuato per riformare l'università parigina, per fondare il Collège de France, per disciplinare l'organizzazione studentesca al fine di riportare la cultura al posto dovuto (« ut rei literariae longius contra barbarorum vim aliasque temporum iniurias consuleret ») (158). Per parte sua Nicolas Bourbon in una orazione *Pro domo sua sive regiorum in-*

(156) Adriani Turnebi, *Oratio habita post Iacobi Tusani professoris regii mortem cum in eius locum suffectus est. Nunc primum in lucem prodit, Lutetiae, apud Federicum Morellum* (MDCXCV) in-12°. Cfr. L. Clement, *De Adriani Turnebi regii professoris praefationibus et poematis,* Parigi, 1899.

(157) *Petri Castellani Magni Franciae elemosynarii vita auctore Petro Gallandio, regio latinarum literarum professore, Stephanus Baluzius nunc primum edidit et notis illustravit. Accedunt Petri Castellani orationes duae habitae in funere Francisci primi Regis Francorum Christianissimi literarum et artium parentis, Parisiis, apud Mugnet,* 1674. Cfr. A. Tilley, *The literature of the French Renaissance, op. cit.,* vol. I, p. 20 sgg.

(158) Pierre Galland, *op. cit.,* p. 50.

terpretum cathedra (159) accennava ancora una volta alla riforma degli studi giuridici, ricordando come agli avvocati ormai gli studi offrivano molti autori classici necessari per la loro cultura professionale (« iacentem ac prope intermortuam eruditionis graecae dignitatem excitari et in dies reflorescere »).

Tanto diffusa era la coscienza dei tempi nuovi in quegli anni che non ci fu poeta o prosatore in volgare o in latino il quale non abbia manifestato la sua soddisfazione di vivere in un momento storico così importante per le lettere e ad un tempo non abbia dimostrato il suo sdegno per la barbarie dei tempi passati. Marot si ripete ancora nel 1544 nell'*Eglogue sur la naissance du Filz de Mr Le Dauphin* (160) dove imita la virgiliana egloga dedicata a Pollione per indicare l'attesa di un periodo sempre più felice in un secolo già da lui giudicato aureo. Nella *Delie* (161), Maurice Scève si sofferma a considerare lo splendore del nuovo secolo che contrappone a quelli precedenti del tutto barbari. Salmon Macrin nel 1546, in una nuova raccolta di Odi, accenna alla fondazione dei lettori reali come al fatto più importante nella storia delle lettere francesi (162). Pubblicando poi al seguito delle sue poesie, quelle del Cardinale du Bellay, paragonava il suo protettore al Bembo ed al Sadoleto poiché, come gli italiani, egli aveva riportato i giovani allo studio delle lettere (163). Della rinascita poetica parla Sebillet nel suo *Art poétique* (1548) (164) dove facendo la storia di tutto il movimento letterario mette in risalto come questo, da Jean Lemaire in poi, avesse preso un impulso nuovo tale da far attendere quegli ottimi risultati

(159) Nicolas Bourbon, *Opera omnia,* Parigi, Piaget. 1654, p. 223.

(160) Marot, *Oeuvres complètes, op. cit.*, vol. I, p. 58 sgg.

(161) M. Scève, *Delie objet de plus haute vertu,* ediz. E. Parturier, Parigi, 1916, p. 175 sgg.

(162) S. Macrin, *Ad Franciscum Galliarum regem potentissimum,* in *Odarum libri tres ad P. Castellanum Pontificem Matisconum,* Parisiis, ex officina Roberti Stephani, 1546.

(163) Tuttavia si noti la distinzione che egli pone (*op. cit.*): « Huc accedebat quod in hac florentissima Parisiorum Academia Rhetoricen videbam iam pene ad veterum normam splendorem restitutam eique iuventutem pene omnem sic deditam ut tamen a poeticae facultatis studio abhorreret ».

(164) Sebillet, *Art poétique françoys,* ediz. crit., F. Gaiffe, Parigi, 1910, p. 14.

che già sotto il regno di Francesco I si stavano realizzando.

A tutte queste testimonianze si possono ancora aggiungere quelle di Theodore de Bèze (165), di Martin Du Bellay (166), di Olivier de Magny (167) per arrivare finalmente all'*Ode à Michel de l'Hospital* (1552) di Ronsard (168) che non è soltanto un tentativo di rinnovare in Francia la forma e lo spirito della poesia di Pindaro quanto un inno alle Muse nuovamente rinate.

La poesia di Ronsard fiorisce dopo cinquant'anni di frequenza assidua alla scuola degli antichi. Di tanti sforzi e di tanti tentativi è il fiore delicato che con la sua bellezza ripaga tutti i sacrifici compiuti. Quanti furono gli insegnamenti morali che i letterati francesi scoprirono nelle due letterature antiche e così provate virtù eroiche e la misura nel dolore e nell'amore e la raffinatezza dei più dolci sentimenti, tutto cooperò a formare una originale sensibilità più acuta e di tanto più dotta. Onde quando i giovani della nuova generazione, a quella scuola allevati e fiduciosi in quegli insegnamenti, si abbandonarono a se stessi, riconobbero nella loro anima il desiderio nostalgico dell'eroe che sospira il ritorno alla propria casa; il rimpianto di un mondo perduto in una rosa appassita nella melanconia della sera. Tutto apparve così nuovo ed inaspettato da far dimenticare anche il passato più recente. Per potere ritornare ai Romani e più oltre ai Greci, con giovanile semplicità, venne sdegnata la tradizione, i precursori furono rinnegati e con essi parecchi secoli di civiltà. Ma chi avrebbe potuto rimproverare tanta ingratitudine? Budé era morto nel 1540, quattro anni dopo Erasmo e Lefèvre, quattro anni prima di Marot; nel 1546 moriva Dolet, l'anno dopo Toussain e Vatable. Nello stesso anno moriva il re, il padre delle lettere; Rabelais era agli ultimi anni della sua vita. Poteva adunque incominciare il viaggio alle isole fortunate; Ronsard guidava la studiosa brigata (169).

(165) Th. De Bèze, *Abraham sacrifiant*, ediz. crit. M. W. Wallace. Toronto, 1906, prefazione.

(166) Martin, du Bellay, *Mémoires*, in *Choix de chroniques et mémoires sus l'histoire de France*, Parigi, 1836, p. 308.

(167) O. De Magny, *Ode à Ronsard et Pascal*, in Ronsard, *op. cit.*, vol. VI, p. 129.

(168) Ronsard, *Oeuvres complètes, op. cit.*, vol. III, p. 118 sgg. Cfr. Laumonier, *Ronsard poète lyrique, op. cit.*, p. 89.

(169) Ronsard, *Oeuvres complètes, op. cit.*, vol. V, p. 175 sgg.

Nello scoprire e nel ricostruire vollero tutti essere primi. Du Bellay aveva pur esortato di saccheggiare i tesori di Grecia e di Roma (170) ma non pensava certo di trovare una così pronta risposta. Primo si disse Ronsard nell'unione della musica alla poesia (171) e primo Du Bellay volle essere nel sonetto alla maniera italiana (172) e primo Baïf nella tragedia (173) e nella poesia pastorale (174). Ancora Ronsard, Peletier e du Bellay si contesero il primato dell'ode (175). Du Bellay venne chiamato il Petrarca francese (176), Jean Doublet l'Ovidio francese (177), Saint-Gelays il Virgilio francese (178), Marot l'Omero francese (179), mentre per il posto di Orazio vi furono due pre-

(170) Du Bellay, *La deffence et illustration de la langue française*, *op. cit.*, pp. 196-197.

(171) Ronsard, *Ode à Antoine de Baïf*, *op. cit.*, vol. I, p. 128, vv. 20-25; cfr. Muret, *Iuvenilia*, *op. cit.* (prefazione).

(172) Du Bellay, *Contre les envieux poètes*, in *Oeuvres*, ediz. Chamard, vol. IV, p. 47, vv. 81-84; *Aux dames angevines*, in *Oeuvres*, vol. IV, p. 37; *Olive*, *préface* in *Oeuvres*, vol. I, p. 7; Cfr. Jasinski, *Histoire du sonnet*, Parigi, 1903. Si veda quanto è detto di Nicolas de Herberay a proposito della sua traduzione dell'*Amadis* in *Oeuvres*, IV, p. 169.

(173) Questo riconosce Ronsard nell'ode a Baïf citata.

(174) Ronsard, *Hymne à Charles de Lorraine*, in *op. cit.*, vol. IX, p. 69, vv. 725-728. Questa priorità di Baïf è pure riconosciuta da R. Belleau in *Oeuvres poètiques*, ediz. Marty-Laveaux, vol. I, p. 186. Cfr. A. Eckhardt, *Ronsard accusé de plagiat*, in « Revue du XVIe siècle », 1920, pp. 243-244. Il primato della poesia pastorale Du Bellay riconosce a Bertrand Berger (cfr. *Oeuvres*, vol. IV, p. 186).

(175) H. Chamard, *L'invention de l'ode. Le différend entre Ronsard et Du Bellay*, in « Revue d'hist. litt. de France », 1899, pp. 21-27.

(176) Charles de Sainte-Marthe: « Bellaius quoque qui Italo Petrarchae / Artem sustulit atque dignitatem », in *Annae Margaritae Tanae, sororum virginum, heroidum anglorum in mortem divae Margaritae Valesiae, Navarrorum reginae, hecatodistichon...*, Parigi, 1550, in-8°. Cfr. H. Charmard, *Du Bellay*, Lille, 1900, p. 243.

(177) Cfr. M. Raymond, *L'influence de Ronsard sur la poésie française* (1550-1580), Parigi, Champion, 1927, vol. I, p. 309.

(178) Cfr. Gohin, introduzione alla ediz. crit. di *La parfaicte amie* di Héroët, Parigi, 1909, p. XVI.

(179) Cfr. Boysonné, *Epitaphe pour Marot*, in Villey, *Marot et Rabelais*, Parigi, 1923, p. 138. Guy Lefèvre de la Borderie, in *La Galliade ou de la Revolution des Arts et des Sciences*, Parigi, 1578, riconosce a Marot il primato nell'epigramma e nell'egloga. Cfr. L. Sainéan, in « Revue du XVIe siècle », 1914, p. 353.

tendenti: Salmon Macrin (180) e Heroët, ma esso toccò a Ronsard. Fra tutti vi fu uno sfortunato: Antoine de Baïf il quale tentò di precedere tutti in tutti i campi ed in ognuno fu superato e misconosciuto. Così avendo scritto tragedie prima di Jodelle, da questo venne seguito e superato per cui Jodelle è riconosciuto comunemente per il primo poeta tragico; avendo usato con precedenza assoluta il verso alessandrino fu imitato da Ronsard a cui tuttavia è attribuito il primato in questo genere. Di tutte le novità una sola gli venne accordata: quella di aver inventato il verso che porta il suo nome ma proprio a questo merito Baïf non attribuiva alcuna importanza (181).

Questa preoccupazione di riprendere tutti i generi letterari classici e di vantarne il rinnovamento e di attribuirsi il primato di ogni tentativo, se da un lato indica la volontà dei poeti della Pléiade di gareggiare con gli antichi, dall'altro lato prova come essi avessero la convinzione di fare opera che nessuno da secoli aveva tentato in Francia. Quando Baïf ricordava a Ronsard la loro vita in comune al collegio di Coqueret e come essi meditassero la loro rivoluzione letteraria (« quand nous propensions en commun ce fait nouveau ») che si riprometteva, come soggiungeva Du Bellay, di « outrepasser les devanciers trop conards », non ad altro i nostri poeti accennavano se non a quella loro convinzione di volersi richiamare all'antichità, non tenendo in nessun conto l'opera dei letterati precedenti.

Tuttavia quando, dopo il primo impulso, la reazione di quei giovani artisti si calmò in una più meditata valutazione, si tenne conto allora di quanto avevano fatto tutti i letterati che nel secolo XVI avevano lavorato per il trionfo della rinascita. Dimenticati gli umanisti del Quattrocento, Lefèvre d'Etaples fu considerato da tutti il vero iniziatore

(180) Villey, *Tableau chronologique des publications de Marot*, in « Revue du XVIe siècle, 1920, p. 88. Cfr. Gohin, *op. cit.*, p. XVI; L. Delaruelle, in « Revue d'histoire litt. de France », tomo VIII, p. 335, nota 2. A questo proposito merita di essere ricordato l'epigramma scritto da J. Visagier per S. Macrin (*Epigrammata*, Parigi, 1537, p. 59): « Iam te Gallia Gallicum Maronem / Iam te Gallia Gallicum Catullum / Iam te Gallia Gallicum Marullum / Iam te Gallia Gallicum Tibullum / Flaccum Gallia te, Macrine, dicet / Nasonem semel et quater vocabit ».

(181) Scévole de Sainte-Marte, *Elogia, op. cit.*, p. 14.

del movimento umanistico; colui che, secondo le parole di Sainte-Marthe, come un sole venne a risvegliare la gioventù francese ed a ridonare tutto il loro splendore alle discipline liberali (« liberalesque disciplinas turpissime iacentes, effuso purioris doctrinae lumine, primus illustraret et erigeret ») (182). Fu riconosciuto il vanto di Jean Lemaire de Belges di aver usato per primo in lingua francese la terzina italiana (183); Budé fu il primo filologo fra tutti gli umanisti (184), Mellin de Saint-Gelais fu detto l'iniziatore della poesia amorosa (185). Così in un più meditato ripensamento il movimento letterario del Cinquecento appariva in quella omogenea unità che aveva acquistato nel suo sforzo di preparare e realizzare un grande periodo della letteratura francese.

VII. - *L'illusione della Rinascita.*

Giunti alla metà del secolo, i testi che si possono ancora incontrare non hanno più un preciso carattere di originalità. Possono essere l'espressione di un particolare ripensamento di uno studioso che si attarda su questioni di soluzione

(182) Scévole de Sainte-Marte, *Elogia, op. cit.*, p. 1. Cfr. Theodore de Bèze, *Icones id est Verae Imagines virorum doctrina simul et pietate illustrium* (apud Ioannem Laonium, 1580), p. 15. Lefèvre de la Borderie, *La Galliade, op. cit.*, fol. 31: « Toy, Fevre favori du grand Roi precepteur / Et du sçavoir gaulois premier restaurateur ». Buchanan, *Opera omnia, op. cit.*, vol. II, p. 82, nell'epitaffio di Lefèvre del quale è detto: « qui studiis intulit omnibus ».

(183) Jean Lemaire de Belges, *La concorde de deux langages, op. cit.*, p. 6, prologo (97-100) « ... et sera rimée de vers tiercetz à la façon italienne ou toscane et florentine, ce que nul autre de nostre langue gallicane a encore attempté d'ensuivre... ». Marot nella seconda prefazione de l'*Adolescence clémentine* riconosce Lemaire come precursore della riforma del verso.

(184) Budé, *De Philologia, op. cit.*, fol. 59, A: « Philologia mihi primo nostratium... ». In una lettera a Longueil (in *Lucubrationes, op. cit.*, pp. 406-409) Budé si vanta pure di essere stato un precursore negli studi greci.

(185) P. de Pascal, *Eloge de Mellin de Saint-Gelais* (in appendice al *Ronsard et l'umanisme, op. cit.*, di P. de Nolhac): « Gallice omnium in Gallia primus amatorios et omnis generis innumeros ornatissimos et optimos versos fudit ac poetae melici nomen, summa omnium approbatione, obtinuit ».

ancora recente (186) ma non rappresentano più le lotte di una cultura nuova che si impone gradualmente e conquista tutti i campi. Ormai il problema del rinnovamento perde il suo carattere di attualità e poco a poco si trasforma in un luogo comune in cui persino l'entusiasmo diventa di maniera. Così, per altro verso, la coscienza della Rinascita che per i primi umanisti significava antagonismo tra la vecchia e la nuova cultura o la scoperta di un nuovo metodo filologico o una rinnovata sensibilità poetica diventa ora uno schema storiografico. Questo viene largamente accolto in tutte le prime opere di storia letteraria che nella seconda metà del secolo tentano una prima sistemazione della vasta attività del Rinascimento. Lo schema viene usato da Theodore de Bèze nelle sue *Icones,* da Scévole de Sainte-Marthe nei suoi *Elogia;* da Pasquier in modo speciale (187). Quest'ultimo, come ha il merito di aver per primo dato un quadro storico di tutto il movimento della Rinascita, sotto il nostro particolare punto di vista ha il pregio di aver compreso ancora con entusiasmo sincero l'importanza del rinnovamento compiuto da un così ardente gruppo di umanisti e di poeti. Nella sua prosa vibra una non nascosta apprensione per la possibile resistenza dell'ignoranza tenebrosa di fronte alla nuova luce e con essa una sincera soddisfazione per la vittoria di quest'ultima. Ma oltre questo, nelle sue pagine lo schema acquista un valore storico definitivo. E' merito della chiarezza e della precisione con cui qui esso viene esposto se fu accolto da tutta la storiografia francese del Seicento. Per altro allo stato attuale delle ricerche, già si possono tracciare le grandi linee del suo trascorrere attraverso il secolo per giungere a Bayle. Anche se in modo non preciso, lo sviluppo si può indicare secondo due direzioni: l'una che

(186) Questo è il caso delle interessanti osservazioni di Jacques Peletier du Mans nella prefazione del suo trattato *De occulta parte numerorum,* Parisiis, apud Gulielmum Cavellat, 1560.

(187) E. Pasquier, *Les Recherches de la France, reveuës et augmentées de quatre livres,* Parigi, 1596. I libri VI e VII nell'ediz. dei *Textes Modernes* a cura di G. Michaut e F. Gohin. Si noti come qui lo schema storiografico venga sfasato secondo una nuova rivalutazione di alcuni secoli medievali. Pasquier ritorna alla concezione umanistica di Fichet e di Gaguin che è quella che più troverà successo nella storiografia romantica.

passa per Malherbe e giunge a Boileau ed al suo seguito; l'altra che da Pasquier et Scévole de Sainte-Marthe raggiunge Colletet, Madeleine de Scudéry per fissarsi in modo chiaro negli autori che immediatamente precedono Bayle (188).

La via seguita dopo Bayle per giungere al Michelet è già stata tracciata in modo sommario. Nuove possibili ricerche non dovrebbero recare modifiche sostanziali ai testi indicati dallo Hildebrand e dal Huizinga (189). Ma qui è necessario avvertire che per avere un quadro completo degli sviluppi storiografici è indispensabile avvicinare a questi testi quelli indicati dalle precise ricerche del Sorrento e del Falco (190) perché la storia del concetto di Rinascimento si abbina nel Settecento, e forse anche prima, alla storia del concetto di Medio Evo. I due termini vivono di una concezione che li tiene in antagonismo. Quando si narra la storia di uno dei due termini si deve scrivere la storia di tutta la concezione proprio come si chiarifica la storia dei due termini analizzando il formarsi o il procedere dell'unica concezione storiografica.

Ma questo esce dai limiti che mi sono imposto. Importa invece concludere sottolineando il preciso valore dei testi qui elencati. Infatti non si può chiedere ad essi un significato che non hanno e quindi supporre antistoriche affer-

(188) Non so quali testi possano dimostrare che la storiografia francese del sec. XVII non distingueva ancora tra Medio Evo e Rinascimento (cfr. M. Jouglard, *La connaissance de l'ancienne littérature française au XVIII siècle*, in *Mélanges Lanson*, Parigi, 1922, p. 269). È certo che gli autori qui citati conoscono ed usano la formula comune di « luce e tenebre ». Ma non si può dimenticare che lo sdegno per i predecessori tanto generale nel Cinquecento fu ripreso dai Secentisti contro gli uomini del Rinascimento. Si ricordino i noti giudizi di Boileau e La Bruyère. Cfr. Fuchs, *Comment le XVIIe et le XVIIIe siècle ont jugé Ronsard*, in « Revue de la Renaissanme », tomi VIII e IX, 1907-1908. F. Neri, *La costruzione della storia letteraria francese* Torino, 1938, p. 144. Una esauriente trattazione dell'argomento viene ora offerta da N. Edelman, *Attitudes of Seventeenth-Century France toward the Middle Ages*, King's Crown Press, New-York, 1946.

(189) R. Hildebrand, *Zur sogenannten Renaissance*, in *Beitrage zum deutschen Unterrich* Leipzig, 1897, p. 285; J. Huizinga, *Le problème de la Renaissance, op. cit.*, p. 169.

(190) L. Sorrento, *Il Medio Evo: il termine ed il concetto*, in *Mediaevalia* Brescia, 1945; G. Falco, *Il problema del Medio Evo*, Torino, 1933.

mazioni che non furono espressioni del pensiero dei loro autori (191).

Invece due fatti ben certi si possono dedurre da quanto sono venuto descrivendo. In primo luogo, nel periodo del Rinascimento la cultura francese manifesta una vitalità ed una vigoria che da secoli non si erano più riscontrate. Quella fu così largamente diffusa da raggiungere i più difesi ambienti culturali e da rinnovarli secondo un metodo che della tradizione si serviva soltanto come strumento di reazione polemica. In secondo luogo vi fu un progresso culturale così rapido che le varie generazioni notarono esse stesse le grandi differenze che le separarono e di queste differenze menarono vanto come della prova migliore della loro originalità. Questa proclamata differenza intesa quale testimonianza di una rottura con la tradizione è quella che rende nuove queste affermazioni. Esse non si possono paragonare con quelle che con molta minor abbondanza si trovano nei secoli medievali a dimostrazione della supposta rinascita carolingia o di quella del secolo XII. Poiché, differentemente dai nostri umanisti, mai agli uomini del Medio Evo venne meno il senso della continuità che essi immaginavano trasferirsi di popolo in popolo, secondo una concezione di cui la *translatio studii* è una mitica realizzazione (192). Gli uomini del Rinascimento videro una rottura laddove prima si credette sempre ad un ben concatenato sviluppo e su questa rottura trassero le origini del loro entusiasmo e la certezza della loro originalità. Questo è il fatto nuovo che mette conto notare per la sua importanza nella storia della storiografia.

Una sola domanda ci si può ancora porre per sapere fino a qual punto, messo da parte ogni entusiasmo, gli umanisti profondamente credessero a questa rottura che implicava il rinnegamento di tanti secoli di civiltà. Alla

(191) E' quanto giustamente teme G. Toffanin nella prefazione alla sua opera *Il secolo senza Roma*, Bologna, Zanichelli, 1942. La ricerca è legittima soltanto se rimanendo nello stretto campo filologico, serve per definire il valore ed il significato attribuiti dagli umanisti alla parola « rinascita ». Ma questi testi non possono servire per dimostrare una reale mancanza di continuità tra i secoli medievali ed il Rinascimento.

(192) E. Gilson, *La philosophie au Moyen-âge*, Parigi, Payot, 1944, p. 325.

domanda potrebbe rispondere un'altra lunga serie di testi non meno significativi dai quali risulta come gli umanisti migliori e più avveduti fossero convinti che questa loro concezione era un'illusione; benefica illusione, capace di sorreggere le più audaci iniziative ed i sogni più difficili (per agire bisogna combattere contro qualche oppositore) ma pur sempre illusione. Quando in pieno Rinascimento avvenne il sacco di Roma, Melantone che aveva inneggiato lui pure al secolo d'oro, scrisse dolorose considerazioni se altro mai significative della sua concezione storica (193). Né si può dimenticare che vicino alle lodi per l'invenzione della stampa si trovano le invettive contro questo pericoloso mezzo di diffusione delle eresie e le non meno generali imprecazioni contro l'artiglieria. Molti scrittori talvolta gareggiavano per primati già scontati da decenni e sovente i rinnegatori della barbarie medievale erano quelli che più traevano esempi ed ispirazione dai predecessori. Quindi coscienza di una rottura ma anche intuizione che questa rottura non potesse esistere nella realtà. Questo dicono innumerevoli testi che testimoniano di un sogno letterario fonte di migliori propositi, di un mirabile rinnovamento artistico, di uno schema storiografico da cui a fatica appena oggi ci liberiamo.

(193) Melantone, *Oratio de capta Roma* (1527), in *Corpus Reformatorum*, ediz. Bretschneider, vol. XI, p. 130 sgg.

Capitolo quinto

VERITAS FILIA TEMPORIS

(A proposito di un testo di Giordano Bruno)

I. - *Nel periodo dell'Umanesimo e del Rinascimento con la concezione storiografica ciclica coesiste il concetto medievale di progresso.*

L'ampio orizzonte classico che si dischiuse alla cultura nell'età dell'umanesimo condusse le menti più acute a concepire l'anima umana in una identità immobile attraverso tutti i tempi e tutti i luoghi. Se questa concezione, da un lato, derivava proprio da una più approfondita conoscenza della classicità, da un altro ne giustificava lo studio e più ancora lo sollecitava. Poiché, diversamente da quanto accadrà nel Seicento dove con la *Querelle des anciens et des modernes* tale idea servirà come argomento per disprezzare l'età classica, nel periodo umanistico essa impose lo studio delle opere antiche quali fonti preziose di umana esperienza. Se gli uomini non erano mutati, importante quant'altro mai diveniva il conoscere come in determinate circostanze essi si fossero comportati e in quale modo avessero saputo superare alcune difficoltà e risolvere certe situazioni. La storia quale maestra di vita era quindi il proposito umanistico che più direttamente derivava da questa idea fondamentale. Da cui per altro traeva la sua ragione d'essere anche il concetto di imitazione. Era lecito copiare ed imitare gli antichi perché, come diceva Lorenzino de' Medici, « il mondo è sempre stato a un modo ». Plauto e Terenzio era modello al Ruzzante perché, stabilito che *nihil sub sole novi*, le situazioni umane che il moderno proponeva nelle sue commedie erano precisamente quelle che i latini avevano osservato e descritto (1). Per altro, una tale concezione, nella sua tendenza statica, non poteva trascurare quel concetto di evoluzione del genere umano che già dai più antichi scrittori era stato acquisito al pensiero. Per conciliare dunque le due tendenze l'umanesimo si trovò costretto ad interpretare nuovamente la storia secondo una visione ciclica (2) in cui le vicende umane, attraverso ad un ben definito movimento circolare, tornerebbero sempre al loro punto di partenza da cui poi ripartono per un'altra ripetizione degli stessi fatti e delle stesse situazioni. Ecco come il Machiavelli nel modo più chiaro espone questo concetto:

> Perché essendo le cose umane sempre in moto o le salgono o le scendono... E pensando io come queste cose procedino, giudico il mondo sempre essere stato ad un medesimo modo ed in quello essere stato tanto di buono quanto di tristo; ma variare questo tristo e questo buono di provincia in provincia come si vede per quello che si ha notizia di quelli regni antichi che variavano dall'uno all'altro per la variazione di costumi, ma il mondo restava quel medesimo. Solo vi era questa differenza che dove quello aveva prima collocata la sua virtù in Assiria, la collocò in Media, di poi in Persia tanto che la ne venne in Italia ed a Roma... (3).

Come si vede, qui il Machiavelli ha dovuto transformare la concezione progressiva della medievale *translatio imperii* in una semplice concezione evolutiva per non venir meno al fondamentale concetto, secondo il quale « il mondo sempre [è] stato ad un medesimo modo » (4). La trasfor-

(1) G. Gentile, *Il pensiero italiano del Rinascimento,* 3ª ediz., Firenze, Sansoni, 1940, p. 353.

(2) N. Machiavelli, *Discorsi sopra la prima deca di Tito Livio,* libro II, proemio; Cfr. libro III, capo 39: « ...perchè tutte le cose del mondo in ogni tempo hanno il proprio riscontro con gli antichi tempi. Il che nasce perchè essendo quelle operate dagli uomini che hanno ed ebbero sempre le medesime passioni, conviene di necessità che le sortiscano il medesimo effetto ». Altro testo che ripete il medesimo concetto nel libro III, cap. 43.

(3) N. Machiavelli, *Discorsi sopra la prima deca di Tito Livio,* libro II, proemio.

(4) Questo testo ha dei precedenti non meno significativi. Meditando sulle ragioni storiche della caduta degli imperi, Jean de Montreuil scrive (*Epistola LXX* in Martène et Durand, *Amplissima collectio,* II, col. 1439): « Rursus quaero quod simul omnia dissolvas ut quid est quod Assyrii, Persae, Medi, Afri, Graeci atque Romani monarchias mundi successive hactenus tenuerunt qui tamen nihil

mazione potrebbe sembrare un regresso del pensiero storico umanistico rispetto a quello medievale, ma esso è tale soltanto in apparenza. Infatti il più maturo assorbimento del pensiero classico avvenuto con tanta abbondanza e con la precisione offerta dal nuovo strumento filologico aveva svelato un mondo così ricco, tanto vario e complesso da non lasciare nessuna idea, nessun fatto, nessuna situazione che in esso non trovasse un possibile precedente. In questo richiamo si smarriva il retto giudizio storico e cadeva in una affrettata dichiarazione di identità. Per essa il medievale concetto di progresso veniva sacrificato per un momento, e un momento soltanto! A questo, in omaggio ad una più precisa visione dell'antichità classica, veniva sostituito il concetto di ritorno. Non diversamente concludeva Montaigne di fronte a quanto di inatteso recava con sé la scoperta del nuovo mondo quando osservava:

Nous nous escriions du miracle de l'invention de nostre artillerie, de nostre impression; d'autres hommes, un autre bout du monde à la Chine, en jouyssoit mille ans auparavant. Si nous voyons autant de monde comme nous n'en voyons, pas, nous apercevrions, comme il est à croire, une perpetuelle multiplication et vicissitude de formes. Il n'y a rien de seul et de rare eu esgard à nature, ouy bien

sunt ad praesens penitus neque possunt. Quo insuper abiit Babylonia? Quo aufugerunt Thebae? Quo Africa? Quo Athenae? Quo Roma? Quae pene omnes ad solum redactae sunt: anne coelum aliud an terra an aër quamdudum diversi sunt? Credo quidem nec vana fides, elementa eadem semper esse omnia, nisi cum de uno in aliud commutative fit mixtio ». Cfr. anche la lettera a Giovanni di Piemonte di Nicolas de Clamanges (*Opera,* ediz. Lydius, *op. cit.*, p. 189) dove, discutendo delle capacità letterarie della Francia, si afferma che la rinascita della retorica è possibile appunto perchè tutte le condizioni ambientali sono rimaste immutate (« neque enim ut ipsa terrae plaga aut coeli inclementia obstat quominus sicuti caetera, literarum hic egregie abundeque viguerunt, hodieque vigent: ita artis oratoriae... possit disciplina vigere »). Peraltro, a nessuno sfuggirà come il testo del Montreuil in modo curioso ricordi le numerose riprese medievali del tema letterario *Ubi sunt.* Non oserei dire che esso ne rappresenti un più profondo sviluppo umanistico; certo testimonia del perdurare di una tradizione a cui qui una nuova meditazione storica muta il suo più intimo significato. Per quanto riguarda le fonti, il testo è la fusione di due ben noti passi biblici: la profezia di Daniele e il *Sapientiae liber.*

eu esgard à nostre cognoissance qui est un miserable fondement de nos regles et qui nous represente volontiers une tresfauce image des choses. Comme vainement nous concluons aujourd'hui l'inclination et la decrepitude du monde par les arguments que nous tirons de nostre propre foiblesse et decadence... ainsi vainement concluoit cettuy-là (Lucrezio) sa naissance et jeunesse, par la vigueur qu'il voyoit aux espris de son temps, abondans en nouvelletez et inventions de divers ars (5).

Fa eco a questa concezione ciclica anche Pontus de Tyard quando preoccupato di precisare il vero significato dell'evoluzione della cultura nella storia dell'umanità, scrive:

Car bien que l'espece humaine semble estre de temps immemorial precedant les Arts au rapport des Histoires, si est-il plus croyable (mesme a qui considerera comme chacune nation démentant sa corrivale se vante de la primauté et de l'invention) que les sciences sont éternelles, toutefois delaissees quelques siecles, pour l'injure des guerres, des Tyrans, pour la negligence des hommes, pour les supersticieuses defenses des religions ou autres telles causes, puis elles sont, mercy de quelque plus heureuse bénignité, refraischies et remises dessus (6).

Da questi pensieri è chiaro che tanto Pontus de Tyard come Montaigne e Machiavelli sono condotti dall'interpretazione ciclica delle vicende umane ad un relativismo storico capace di frenare i migliori entusiasmi (7). Non così

(5) M. de Montaigne, *Essais,* libro III, cap. VI, ediz. Thibaudet, Parigi, 1933, p. 874. La complessità dei problemi che derivano da questi testi ha indicato G. Toffanin. Cfr. *La querelle della Rinascenza umanistica* in *Bulletin of the international Comittee of historical sciences,* n. 36, sett. 1937; *Montaigne e l'idea classica.* Bologna, Zanichelli, 1942.

(6) P. de Tyard, *Le second curieux* in *Les discours philosophiques,* Parigi, 1587, pag. 326 v°.

(7) Quest'affermazione tuttavia non deve far dimenticare come proprio il Machiavelli offra argomenti alla concezione storiografica che vede nel Medio Evo un'età barbara. Cfr. *Discorsi sopra la prima deca di Tito Livio,* libro II, cap. V: « E chi legge i modi tenuti da San Gregorio e dagli altri capi della religione cristiana, vedrà con quanta ostinazione si perseguitarono tutte le memorie antiche, ardendo l'opere dei poeti e delli istorici, ruinando le immagini e guastando ogni alta cosa che rendesse alcun segno della antichità. Talché, se a questa persecuzione egli avessino aggiunto una nuova lingua, si sarebbe veduto in brevissimo tempo ogni

si può dire di tutti gli umanisti per i quali il ripresentarsi sulla scena della storia di alcune felici condizioni che avevano fatto la grandezza dell'età classica, aveva aperto il cuore, come s'è visto, alle più alate speranze. Per essi la coscienza della Rinascita non era che la costatazione di un altro evidente passo dell'evoluzione ciclica della storia che nei secoli XV e XVI pareva ripetere gli splendori dei secoli classici più belli. Condotti a questa concezione dal rinnovato studio dell'antichità, gli umanisti in essa trovavano le ragioni del loro antistoricismo per il quale avevano sostituito il concetto di progresso con quello di ritorno.

Tuttavia non si può dire che nell'età dell'umanesimo e del Rinascimento fosse del tutto dimenticato quel concetto di progresso che il pensiero medievale aveva ampiamente conosciuto (8). E' noto che un testo luminoso di Giordano Bruno nella *Cena delle Ceneri* (1584) dimostra come il pensatore nolano abbia avuto l'intuizione dell'attività progressiva dello spirito nella storia (9). Egli non solo non crede che la sapienza sia tutta negli antichi ma sostiene che è vero il contrario e cioè che i moderni sono più saggi degli antichi in quanto portano in sé tutta l'esperienza dei predecessori e la loro maturità di dottrina. Ecco come il Bruno esprime la sua concezione:

Si voi intendeste bene quel che dite, vedreste, che dal vostro fondamento s'inferisce il contrario di quel che pensate: voglio dire, che noi siamo più vecchi ed abbiamo più longa età che i nostri predecessori: intendo per quel che appartiene a certi giudizi, come in proposito. Non ha potuto essere si maturo il giudizio di Eudosso che visse poco dopo la rinascente astronomia se pur in esso non rinacque, come quello di Calippo che visse trent'anni dopo la morte d'Alessandro Magno; il quale, come giunse anni ad anni, possea giungere osservanze ad osservanze. Ippar-

cosa dimenticare ». Ma questo è proprio il concetto opposto a quello del Petrarca. Cfr. *Rerum memorandarum liber I*, 19: 16-33; ediz. Billanovich, Firenze, Sansoni, 1943, p. 19.

(8) Cfr. A. Comte, *Système de politique positive*, Parigi, 4ª ediz., 1912, t. II, p. 116; E. K. Rand, *Founders of the Middle Ages*, Cambridge, Harvard University Press, 1929, p. 13 sgg. Come è noto il lavoro di J. B. Bury, *Progress*, Londra, 1920, pp. 11-18, non tiene conto della concezione medievale del progresso.

(9) Cfr. G. Gentile, *op. cit.*, p. 337-338. Nel *De sapiente* di Charles de Bovelles il concetto di progresso che vi è esposto non è storico, ma individuale.

co per la medesima ragione, doveva saperne più di Calippo perché vidde la mutazione fatta sino a centonovantasei anni dopo la morte d'Alessandro. Menelao, romano geometra, perchè vedde la differenza de moto quattrocentosessantadui anni dopo Alessandro morto, è ragione che ni intendesse più ch'Ipparco. Più ne dovea vedere Macrometto Aracense milleducento e dui anni dopo quella. Più ni ha veduto il Copernico quasi a nostri tempi, appresso la medesima anni milleottocentoquarantanove. Ma che di questi alcuni che sono stati appresso, non siino però stati più accorti che quei che furon prima e che la moltitudine di que' che sono a' nostri tempi non ha però più sale, questo accade per ciò che quelli vissero e questi non vivono gli anni altrui e quel che è peggio, vissero morti quelli e questi negli anni propri (10).

Questa precisa valutazione dell'opera dei moderni non è l'originale caratteristica della concezione del Bruno poiché, anche se con molta minor profondità, prima del pensatore nolano già Benedetto Accolti aveva contrapposto alla grandezza delle repubbliche antiche quella di Firenze e di Venezia (11); e più ancora Flavio Biondo aveva scritto una esaltazione di Roma quale sede del rappresentante di Cristo che era l'affermazione di un primato senza precedenti (12). Ora non è dubbio che questo concetto di una superiorità dei secoli moderni su quelli antichi agli umanisti derivava del pensiero medievale. Non si può infatti dimenticare che l'immagine così espressiva di Bernardo di Chartres quale viene riferita da Giovanni di Salisbury, essere i moderni dei nani sulle spalle dei giganti (13), è un sicuro indice non solo della coscienza posseduta dagli umanisti medievali della loro dipendenza dai classici ma anche della loro sicurezza di essere in una posizione più elevata, tale da abbracciare un orizzonte culturale più vasto. Infatti questo concetto ancor più chiaramente esprimeva Pietro di Blois quando osservava:

(10) Cfr. G. Bruno, *Opere Italiane*, ediz. Gentile, Bari, Laterza, 1907, vol. I, p. 28.

(11) B. Accolti, *De praestantia virorum sui aevi dialogus*, ediz. Galletti Firenze, 1847, p. 105 sgg. Cfr. E. Garin, *Il Rinascimento italiano*, Milano, 1941, p. 86.

(12) F. Biondo, *Instauratae Romae libri tres*, Basilea, 1531, p. 271; Cfr. E. Garin, *op. cit.*, p. 86.

(13) Giovanni di Salisbury, *Metalogicus*, III, 4; ediz. Webb, p. 136; P. L., t. 199, col. 900.

Nos quasi nani super gigantum humeros sumus quorum beneficio longius quam ipsi speculamur dum antiquorum tractatibus inhaerentes elegantiores eorum sententias quas vetustas aboleverat hominumve neglectus, quasi iam mortuas in quamdam novitatem essentia suscitamus (14).

Ma bisogna aggiungere che questo concetto non era che l'applicazione fatta dagli umanisti di Chartres nel campo letterario di una più vasta concezione che era stata largamente sviluppata dai pensatori medievali (15). Essi infatti per primi avevano sostituito alla concezione ciclica della storia un concetto di evoluzione progressiva (16). San Tommaso aveva sostenuto che se l'uomo ha una sua storia individuale che è uno sviluppo costante dall'infanzia alla vecchiaia così è per la società. In questa vi è un progresso nell'ordine politico e sociale come nell'ordine scientifico e filosofico. Ogni generazione trae i vantaggi e gli svantaggi dai meriti e dagli errori della precedente e transmette, a sua volta, alla successiva l'insieme di verità che è venuta conquistando. Particolarmente nel campo del pensiero i medievali sanno che gli uomini passo per passo sono venuti conquistando la verità e che non essendo questa conquista mai totale, a loro incombe l'alta funzione d'assorbire tutta l'eredità classica per moltiplicarla quanto più possibile. Per altro S. Agostino aveva formulato con chiara precisione l'idea sconosciuta tanto a Platone come ad Aristotele, di una umanità concepita come un essere collettivo unico, fatto più di morti che di viventi, in marcia ed in progresso costante verso una perfezione a cui si avvicina sicuramente (17). Ma l'attesa di una felicità ultraterrena non toglieva allo storico cristiano ogni interesse per il passato (18). Per quanto come credente egli fosse

(14) Pietro di Blois, *Epistola* 92; P. L., t. 207, col. 290.

(15) E. Gilson, *L'esprit de la philosophie médiévale,* Parigi, Vrin, 1944, p. 365 sgg.

(16) B. Croce, *Teoria e storia della storiografia.* Bari, Laterza, 1926, p. 188.

(17) E. Gilson, *op. cit.,* p. 371. Inoltre, Sant'Agostino aveva già avuto chiara l'idea della differenza storica delle varie età del mondo. Cfr. *De genesi contra Manicheos,* I, 24-42; P. L., t. 34, col. 193.

(18) Di parere opposto J. T. Shotwell, *An introduction to the history of history,* New York; Columbia University Press, 1922, p. 282.

tutto proiettato verso un radioso avvenire, rimaneva in lui la curiosità di osservare per quali umani sviluppi ogni creatura segnasse su questa terra le tappe del suo ritorno verso il Bene supremo. Ai suoi occhi il passato rappresentava una inesauribile fonte di esperienze e di esempi nel tentativo comune di raggiungere la vera saggezza.

La prova più evidente della vitalità di questo pensiero è la riaffermazione frequente in tutti i secoli dell'età di mezzo della funzione storica della cultura cristiana che viene posta sulla precisa linea di sviluppo della cultura antica e come la sua logica continuazione ed il suo più evidente complemento. Ancora alla fine del sec. XIV, Pietro d'Ailly riprende questa interpretazione in una pagina che è notevole non solo per la chiara formulazione del concetto ma anche per le immagini con cui esso viene espresso. L'autore infatti elenca i tentativi compiuti dai sapienti di tutte le età per giungere al monte della saggezza e dopo di aver accennato alle virtù più nobili dei principali rappresentanti del pensiero greco, osserva con quale sforzo tutti quei filosofi abbiano invano tentato di salire alla cima più alta del sacro monte. Egli scrive:

> Videamus in huius montis pede qualiter huiusmodi philosophi catervatim sese comitantur ut ascendant facilius et ut current velocius. Alter alterius sequitur vestigia. Plato Socratem sequitur; Aristoteles Platonem, Lucilius Senecam; Seneca vero Paulum sequi cupiens, post eum clamitat dicens: « O mi Paule charissime, optarem eius esse loci apud meos qualis tu es apud Christianos... Currunt ergo velociter, currunt pariter et tamen quia nec sacrae scripturae nec veritatis catholicae viam tenent, in montem ascendere non valent » (19).

In questo testo importa sottolineare non tanto la differenza notata tra la cultura classica ed il cristianesimo quanto la linea progressiva che viene stabilita da Platone a Seneca e da questo a San Paolo secondo uno sviluppo che è appunto la migliore prova di una concezione storica che, come s'è visto, in S. Tommaso e in S. Agostino aveva trovato i suoi migliori teorizzatori. Un secolo più

(19) Pietro d'Ailly, *Recommandatio Sacrae Scripturae*, in *Gersoni Opera*, ediz. Du Pin, tomo I, fol. 605.

tardi riprende la stessa idea anche Jean Raulin. E' noto come di questo illustre rettore dell'Università parigina fino ad oggi gli studiosi abbiano messo in luce soltanto la vasta e complessa attività riformista. Tuttavia storicamente non è meno interessante sottolineare quanto di tradizionale vi è nella sua cultura appunto per le influenze e le reazioni che essa potè suscitare nel campo degli umanisti cristiani. Dai rapidi accenni che Raulin fa sovente nei suoi *Sermones* circa l'importanza e la funzione del pensiero cristiano, è chiaro come questo sia da lui concepito in progressivo sviluppo. Parlando infatti della conquista della verità cristiana quale si è venuta realizzando nei secoli, egli ricorda la successione dei grandi profeti dell'Antico Testamento ed osserva che Dio rivelò ai pensatori moderni delle verità che aveva tenute nascoste nei tempi antichi sicchè è possibile stabilire una sicura linea in cui Mosè appare più sapiente d'Abramo, Davide più di Mosè e così di seguito. Onde il nostro autore conclude: « Sunt enim doctores moderni in ordine ad alios doctores antiquos sicut nani super humeros gigantum quia vident ea quae illi viderunt et scripserunt et adhuc ultra » (20). Ora in questo testo è facile vedere come Raulin abbia fatto sua la formula di Bernardo di Chartres al punto di ripeterla quasi alla lettera e senza sentire per nulla il bisogno di precisarne la fonte (21). Tanto quella formula sintetizzava un pensiero ben preciso e vitale nella cultura del nostro autore (22).

Nè si può dimenticare come questa stessa concezione abbia avuto la sua applicazione anche in pura sede letteraria. Quando il Petrarca in un momento della sua polemica senza quartiere contro la cultura araba, si pone

(20) J. Raulin, *Sermo XVIII* in *Sermones adventuales, Opera omnia*, 1612, tomo I. p. 106.

(21) Ma che egli conoscesse le opere di Giovanni di Salisbury è evidente poiché altre volte cita il *Policraticus*. Cfr. *op. cit.*, tomo I, p. 283.

(22) In un altro passo Raulin contrappone a questo modo la linearità dello sviluppo cristiano alle contraddizioni del pensiero pagano: « Non enim est discrepantia inter scripturas veteris et novi Testamenti ubi in doctrinis humanis philosophi posteriores contradixerunt prioribus ut Aristoteles Platoni et Socrati et Antistenes et Aristippus Socrati magistro suo quamvis essent Socratici ». (*Opera omnia, op. cit.*, tomo III, p. 114).

il problema dello sviluppo letterario quale dai più antichi greci attraverso ai romani giunse agli scrittori cristiani, egli non solo non sacrifica il concetto di progresso alla sua ammirazione per la classicità ma afferma la sua certezza che ogni autore possa e debba superare nel pensiero e nell'arte tutti i suoi predecessori. Egli ricorda come dopo Platone ed Aristotele osarono scrivere di tutte le parti della filosofia Varrone e Cicerone; come quest'ultimo abbia superato nell'eloquenza Demostene mentre Virgilio si pose sul cammino di Omero. Livio e Sallustio seguirono e superarono Erodoto e Tucidide mentre tutta la giurisprudenza romana da pochi semi gettati dai greci seppe raccogliere la più abbondante messe. Onde il nostro scrittore conchiude: « Denique graecos et ingenio et stylo frequenter aequavimus, imo si quod credimus Ciceroni, semper vicimus ubi annisi sumus quod si vere de nobis comparationem graecorum tantus ille vir dixit, multo fidentius in comparationem omnium aliarum gentium dici potest » (23). Non è tale affermazione il segno di un nazionalismo vigilante e quasi irritato quanto piuttosto la sicurezza di possedere un'eredità che ben lontana dal restringere ogni attività ed ogni speranza, queste sprona e favorisce su di una via senza limiti e di tanto più nuova. Se il Petrarca non avesse avuto fede nel progresso letterario non un solo rigo della sua opera latina sarebbe stato scritto mentre per altro sarebbe mancato l'ardore segreto che anima tutta la sua attività culturale.

II. - *Alcuni umanisti conciliano il concetto di progresso con la coscienza della Rinascita e rivalutano tutti i secoli medievali.*

E' dunque evidente che nel periodo dell'Umanesimo e del Rinascimento coesistevano due concezioni storiografiche che, richiamandosi l'una alla tradizione classica e l'altra alla tradizione medievale, si trovavano fra di loro in netta opposizione. Non è quindi senza interesse

(23) F. Petrarca, *Seniles, epist. II* in *Opera,* Basilea, 1554, fol. 913.

studiare il tentativo di conciliazione compiuto da alcuni umanisti i quali, pensosi del significato storico del loro movimento e per altro memori del valore della tradizione medievale che non potevano rinnegare, cercarono di fondere le due concezioni in una nuova energica affermazione del rinnovato spirito culturale del Rinascimento. Questo non viene più collegato direttamente all'antichità classica ma segnalato come un passo fortunato e luminoso di quel progressivo svilupparsi della civiltà quale si venne realizzando in tutti i secoli medievali. La coscienza della Rinascita si unisce quindi all'idea di progresso e non di ritorno e con questo mentre si valuta nella sua giusta importanza l'operosità medievale riconosciuta quale precedente diretto dell'opera del Rinascimento, per altro si rigetta la visione ciclica della storia.

Fondamentale a questo proposito è il capitolo settimo del primo libro del *De studio divinae et humanae philosophiae* di Gianfrancesco Pico della Mirandola (24). In questo capitolo l'insigne umanista, dopo di aver dimostrato come la filosofia sia soltanto utile ma non necessaria per un cristiano il quale particolarmente dalla filosofia antica non può trarre tutti i migliori vantaggi, tratta dell'importanza storica della cultura classica. Egli afferma che i letterati antichi sono esempi insigni perchè seppero mirabilmente unire l'eloquenza con la sapienza. Tuttavia subito aggiunge che, dopo di quelli, vennero gli scrittori cristiani i quali appunto perchè « vetera excoluerunt et invenerunt nova » sono più preziosi dei classici in quanto in essi l'eloquenza e la scienza toccarono cime più alte. Per quanto riguarda la cultura Pico afferma che S. Agostino conquistò un numero di verità filosofiche maggiore di Platone; ad Aristotele egli oppone non solo Alberto Magno ma S. Tommaso e Duns Scoto. Anche se riconosce che i filosofi pagani ebbero il merito di indicare la via ai cristiani non per questo pensa che il seguente sia minore del precedente così che Aristotele sia di minor grandezza

(24) J. Fr. Pico, *De studio divinae et humanae philosophiae* in *Opera,* Basilea, 1567, p. 19 sgg. Il Corsano (*Il pensiero religioso italiano dall'Umanesimo al Giurisdizionalismo,* Bari, Laterza, 1937, p. 54 sgg.) ha già studiato questo testo, mettendo in evidenza principalmente l'importanza della rivendicazione dell'originalità cristiana derivata dalla influenza del Savonarola.

di Platone e questo di Socrate e via di seguito fino a Talete. Egli afferma proprio il contrario in quanto crede che nella cultura vi sia una progressiva evoluzione. La quale tuttavia non è semplicemente cronologica poichè non è sufficiente essere venuto dopo un determinato pensatore per essere a questo superiore. Pico precisa che è necessaria una eccezionale forza di ingenio capace di trarre tutti i frutti dall'opera del predecessore ed una continua applicazione studiosa unitamente ad altre varie circostanze che sole permettono di giungere alla cima di una dottrina. Osservazione la quale meglio non potrebbe precisare che cosa il nostro umanista intendesse per progresso storico e che stranamente ricorda quanto dirà poi Bruno secondo il quale soltanto i più accorti sanno trarre vantaggio dalle esperienze dei predecessori mentre la moltitudine che « non ha più sale » trae la propria debolezza dal fatto che « quelli vissero e questi non vivono gli anni altrui ».

Anche per quanto si riferisce all'eloquenza Pico stabilisce un sicuro storico progresso. Egli trova in Cicerone la forza di Demostene, la facondia di Platone, la curiosità di Isocrate. Ma subito si domanda: « Quis enim non advertit Lactantium Firmianum aequasse ipsum (Cicerone) et forte praecelluisse in eloquendo? ». Nè si limita a Lattanzio ma ricorda S. Girolamo, S. Agostino e molti altri Padri per terminare osservando che nel campo della filosofia morale i pensatori cristiani superarono di gran lunga i classici. Ma nella sua visione storica il nostro umanista non si ferma a questo punto. Passando a considerare l'importanza del suo secolo egli osserva che questo, in tutto lo splendore di una cultura rifiorente, non è meno ricco di ingegni tanto dell'epoca antica come di quella medievale. « Possem, egli dice, equidem multos quos antiquitati opponerem numerare et afferre etiam rationes efficacissimas ». Quindi passa all'elogio del Pontano che giudica del tutto pari alla grandezza ciceroniana; poi ricorda il Poliziano ed Ermolao Barbaro, ricchi di quei doni letterari che fanno la bellezza dello stile classico. Per quanto riguarda la poesia non invidia gli antichi perchè i nuovi poeti sono a quelli superiori in quanto con la migliore forma classica hanno saputo cantare la verità cristiana. Pico ricorda Battista Mantovano e con lui Ercole Strozzi tanto ammirato dallo zio Giovanni. Nè tace la grandezza di quest'ultimo di cui si dilunga ad enumerare tutte le attività ed i meriti nella cultura umanistica. Passa poi ad esaltare l'opera del Savonarola che a lui appare come uno dei più grandi uomini del suo tempo, ammirevole tanto per l'ingegno come per la dottrina. Onde il nostro umanista conclude che i moderni non hanno nulla da invidiare agli antichi nè per quanto riguarda il pensiero nè per quanto riguarda le lettere.

E' facile notare in questo testo come Gianfrancesco Pico consideri tutta la storia della cultura secondo quel graduale progresso che già avevano precisato i pensatori medievali. La sua coscienza storica circa la rinascita letteraria non è differente da quella rivelata dagli scrittori rappresentativi dei secoli medievali più ricchi di vita intellettuale. Quando al tempo di Carlo Magno, Moduino, vescovo di Autun, accenna al significato storico del sacro romano impero scrivendo: « Aurea Roma iterum renovata renascitur orbi » (25); quando Lupo di Ferrière ricorda il risveglio culturale voluto da Alcuino (26) oppure Guiberto di Nogent quello del suo tempo (27), questi scrittori non si pongono su di un diverso piano storico del nostro umanista. In questo come in quelli non vi è

(25) Dummler, *Poetae lat. Aevi Carolini* in *M. G. H.*, t. I, p. 385.

(26) Loup de Ferrière, *Epistola ad Eginhardum*; P. L., t. 119, col. 433: « Amor literarum ab ipso fere initio pueritiae mihi est innatus, nec earum ut nunc a plerisque vocantur, superstitiosa, otia fastidio sunt. Et nisi intercessisset inopia praeceptorum et longo situ collapsa priorum studia paene interissent, largiente Domino meae aviditati satisfacere forsitan potuissem. Siquidem vestra memoria per famosissimum imperatorem Carolum, cui litterae eo usque deferre debent ut aeternam ei parent memoriam, coepta revocari, aliquantum quidem extulere caput, satisque constitit veritate subnixum praeclarum dictum: Honos alit artes et accenduntur omnes ad studia gloriae ».

(27) Guiberto di Nogent, *De vita sua*, libro I, cap. IV; ediz. Bourgin, Parigi, 1907, p. 12-13: « Erat paulo ante id temporis et adhuc partim sub meo tempore tanta grammaticorum raritas ut in oppidis prope nullus, in urbibus vix aliquis reperiri potuisset et quos inveniri contigerat eorum scientia tenuis erat nec etiam moderni temporis clericulis vagantibus comparari poterat ». Si veda come egli difende i diritti dei moderni in *Gesta Dei per Francos*, I, 1; P. L., t. 156, col. 683.

l'ammirazione per un ritorno atteso ed auspicato ma la compiaciuta osservazione di un altro passo compiuto nello sviluppo storico della cultura. La quale rimane legata a tutta la tradizione che in quella esprime la sua forza e la sua vitalità secondo uno sviluppo che non conosce alcuna soluzione di continuità.

Non stupisce di trovare la stessa concezione in alcuni fra i più acuti degli umanisti francesi. Ho già più volte osservato come in questi la tradizione medievale agisse con una forza maggiore di quanto non avvenga fra gli umanisti italiani (28). Il tradizionale ambiente universitario parigino in cui si sviluppò per un primo lungo periodo l'umanesimo francese è la principale ragione di questo perdurare della cultura medievale. La quale, come si è visto, era presente anche durante i più esaltati proclami dell'antistorico ritorno all'antichità. Ma ancora più presente essa fu negli umanisti più acuti i quali pur rinnegando la millenaria barbarie da un lato, dall'altro questa rivalutavano nei momenti di più meditata riflessione storica. Questo è il caso di Jacques Peletier du Mans. Infatti nella prefazione al suo trattato *De occulta parte numerorum* (29) l'illustre umanista, meditando sulla origine delle arti e delle scienze, è portato ad affermare che quelle non furono inventate da un solo uomo e scrive:

Magnam vero in rebus controversiam fecit temporum fortuna quae suis viribus tantam rerum ubertatem profert ut qui praesenti pulchritudine potiuntur, dum nullam tenent memoriam longiorem, ii non modo suo saeculo omnia accepta referant sed ne ullam quidem in futurum mutationem animo concipiant. Quibusdam rursus aetatibus ea sensim incidit calamitas ut melioris conditionis expectatio nulla subeat in animos hominum atque ubi primum artes florere coeperint, eae non postliminio reversae sed novae et omni memoriae inauditae prodire in lucem videantur. Sic perpetua rerum vicissitudo efficit ut qui longius non prospiciunt, omnia praesenti constitutione metiantur quae a melioribus veluti per manus non acceperint.

(28) F. Simone, *Guillaume Fichet retore ed umanista* in *Memorie dell'Accademia delle scienze di Torino,* t. 69, serie 2. p. IIe, 1938; *Robert Gaguin e il suo cenacolo umanistico* in *Aevum,* giugno, 1939.

(29) J. Peletier du Mans, *De occulta parte numerorum quam algebram vocant libri duo,* Parisiis, apud Guilelmum Cavellat, 1560.

Appare qui evidente che quello stesso Peletier, il quale in altri momenti non aveva esitato a contribuire con il suo entusiasmo alla generale esaltazione per il nuovo secolo d'oro, in una più attenta riflessione sente tutto il valore della tradizione. Allora egli comprende il significato del fluire eterno della storia che in un mutare continuo di fatti e di circostanze offre quel progresso che agli uomini di corta memoria appare sempre come una inattesa novità senza precedenti. Rifiuta quindi tanto di negare il passato come di credere in una immutabilità eterna della condizione umana e pensa alla « perpetua rerum vicissitudo » come all'origine di ogni buona o cattiva vicenda umana.

Non diversamente in alcuni momenti fortunati aveva pensato Budé. E' noto, dopo quanto sono venuto dicendo, come nel *De Philologia* si trovano, unitamente ad un rapido schizzo del movimento umanistico, le più chiare lodi per la rinascita letteraria. Bisogna tuttavia aggiungere che, pur affermando questa concezione antistorica, Budé non ignorò il concetto dell'evoluzione progressiva della storia. Infatti, quasi al termine del suo trattato (30), dopo che l'umanista ha affermato ancora una volta la sua speranza di vedere le lettere rifiorire dopo la lunga tenebra medievale, Francesco I che è uno degli interlocutori del dialogo, osserva che Budé erra, quando parla di una luce che sarebbe venuta a distruggere la barbarie. Poichè, precisa il re, non vi sono nella storia età oscure ed età di luce, avendo ogni età le sue scoperte. Come esempi sono ricordati la scoperta della polvere da sparo e quella della stampa. E' chiaro qui che Budé crede al concetto di progresso storico e che su questo medita per quanto riguarda le vicende della storia letteraria. Onde si fa domandare dal suo regale interlocutore perchè mai mentre l'arte della guerra aveva fatto tanti progressi in confronto degli antichi, la letteratura non avesse affatto progredito e tutta ad un tratto fosse riapparsa nella sua antica bellezza. Domanda che svela le difficoltà in cui si trovava lo storico per conciliare il concetto umanistico del ritorno con quello medievale del-

(30) G. Budé, *De philologia, op. cit.*, fol. 87 B sgg.

l'evoluzione e che denunzia come Budé ne avvertisse chiaramente l'opposizione. A quest'ultima l'umanista sfugge affermando che il progresso delle lettere umane venne meno perchè mancò l'aiuto dei potenti ma è evidente che egli qui avverte la debolezza della concezione ciclica della storia a cui nel generale entusiasmo si era pur affidato. Non per questo egli evita di affermare per l'avvenire il sicuro progresso della cultura quasi che incapace di rivedere la sua errata concezione, al concetto evolutivo si affidi con più sicurezza per il futuro (31).

La prima chiara sistemazione di questa originale posizione storiografica si trova nell'ultima parte del cap. VII del *Methodus ad facilem historiarum cognitionem* di Jean Bodin (32). Qui la preoccupazione di confutare lo schema delle quattro monarchie come interpretazione dell'evoluzione umana, spinge lo storico a riprendere il concetto storiografico dei nostri umanisti e ad interpretare la rinascita culturale del sec. XVI non come un semplice ritorno all'età dell'oro ma come un superamento di questa ed un nuovo ed originale arricchimento della civiltà. Si può anzi dire che in Bodin confluiscono tutte le correnti storiografiche dell'umanesimo italiano e francese poichè da lui è pure accolto quanto di fruttuoso recava con sè l'interpretazione ciclica della storia. Questa serve al nostro scrittore per giustificare la sua svalutazione dei secoli medievali mentre per altro dagli umanisti più avvertiti accoglie l'affermata superiorità dei moderni rispetto agli antichi. Così Bodin appare proprio per questo tentativo di sintesi di due opposte correnti come uno dei primi teorizzatori di quel preciso schema storiografico che, come è noto, acquisterà illustrazione e fama negli storici romantici.

(31) La via indicata dal nostro umanista seguirà invece fino alle sue ultime conseguenze, qualche anno dopo, Loys Le Roy il quale proprio nella sua *Vita Budaei* (1540) affermerà per la prima volta il concetto del progresso storico a cui nel suo ultimo scritto (*De la vicissitude ou variétés des choses*, 1577) e principalmente nel cap. XI darà la più ampia dimostrazione. Cfr. A. N. Becker, *Loys Le Roy, un humaniste au XVIe siècle*, Parigi, 1896, pp. 243-281.

(32) J. Bodin, *Methodus ad facilem historiarum cognitionem*, Parigi, 1566. Cfr. la traduzione francese condotta sulla nuova edizione del 1572 di P. Mesnard, Parigi, Les Belles lettres, 1941, pp. 298-299.

Si può quindi concludere che da Gianfrancesco Pico a Bodin, da Budé a Peletier alcuni umanisti dimostrarono, pur con le inevitabili lacune e debolezze, una intuizione storiografica ben più profonda di quella che si trova generalmente nella maggior parte dei loro contemporanei. All'entusiasmo per la *renovatio* morale e letteraria essi oppongono una meditata considerazione sul valore storico di essa. In questo modo gli adoratori dei classici aprono la via ad una giusta valutazione dei moderni e scoprono un pensiero che, pur nelle sue imperfezioni, è l'immediato precedente di quel passo del Bruno in cui si è voluto vedere « per la prima volta affermato il concetto tutto proprio dell'età moderna della serietà ed importanza della storia come attualità dello spirito nel suo svolgimento » (33). Infatti Gianfrancesco Pico, riecheggiando i medievali, non solo capovolge il detto biblico « *in antiquis est sapientia* » ma quasi servendosi del medesimo procedimento del Bruno, del Petrarca, di Pierre d'Ailly, sostiene, che « noi siamo più vecchi ed abbiamo più lunga età dei nostri predecessori » e quindi più maturità e maggior conoscenza delle verità divine ed umane. Nella battaglia contro gli antichi non furono perciò assenti gli umanisti quando, pensosi delle vicende della loro età, si accorsero quanto illusoria fosse la concezione della Rinascita. Direi anzi che furono essi che incominciarono quella battaglia quasi che la suprema maturità dell'umanesimo fosse proprio nella ribellione contro il suo stesso programma: così nella supremazia del volgare come nel primato nazionalistico come nella valutazione della cultura moderna. Forti della tradizione medievale allora essi questa ripensarono per trasmetterla ai moderni. Fra questi Giordano Bruno per primo del loro contributo non fu immemore.

(33) G. Gentile, *op. cit.*, p. 338. Per comprendere come questa intuizione del progresso dello spirito, pur dopo questa conquista del Rinascimento, abbia ancora subito strani offuscamenti; si veda, per il Seicento, l'opera del Rapin, *Réflexions sur la philosophie ancienne et moderne* (1676). Qui la storia delle dottrine filosofiche è scritta senza alcun rilievo, semplicemente secondo il precetto che « il faut avoir du respect pour les uns sans avoir de mépris pour les autres ». Cfr. H. Busson, *La religion des classiques,* Parigi, 1948, p. 355.

INDICE

Finito di stampare nel novembre 1949 nelle officine di Tivoli dell' Istituto Grafico Tiberino (Roma - Via Gaeta, 14)

EDIZIONI DI "STORIA E LETTERATURA"

STORIA E LETTERATURA

Raccolta di studi e testi a cura di A. Schiaffini e G. De Luca

VOLUMI USCITI

		Prezzo Ed. comune	distinta
1. Alfredo Schiaffini, *Tradizione e poesia nella prosa d'arte italiana, dalla latinità medievale a G. Boccaccio.* Pp. VIII-200	L.	800	1000
2. André Wilmart, O.S.B., *Le « Jubilus » dit de Saint-Bernard. (Etude avec textes).* Edizione postuma, a cura di J. Bignami-Odier e A. Pelzer. Pp. x-292	»	1000	1400
3. Livarius Oliger, O.F.M., *De secta Spiritus libertatis in Umbria saec. XVI. Disquisitio et documenta.* Pp. XII-168	»	—	1800
4. Pio Paschini, *Domenico Grimani Card. di San Marco (+ 1532).* Pp. VIII-162	»	—	1500
5. Bruno Nardi, *Nel mondo di Dante.* Pp. VIII-384	»	1300	1600
6. Raffaele Ciampini, *Studi e ricerche su Niccolò Tommaseo.* Pp. XXIV-412	»	1300	1600
7. Mario Praz, *Ricerche anglo-italiane.* Pp. VIII-372	»	2000	1000
8. Giuseppe Billanovich, *Restauri Boccacceschi.* Pp. VIII-200	»	800	1000
9. Angelo Monteverdi, *Saggi neolatini.* Pp. VIII-388, con due tavole	»	2100	2500
10. Mario Tosi, *Il Torneo di Belvedere in Vaticano e i Tornei in Italia nel Cinquecento. Documenti e tavole.* Pp. XXIV-200, con una illustrazione e quattro tavole	»	1500	1800
11. Vincenzo Arangio Ruiz, *Rariora. Studi di Diritto Romano.* Pp. XII-292	»	2000	2300
12. Ugo Mariani, O.E.S.A., *Il Petrarca e gli Agostiniani.* Pp. VIII-120	»	800	1000
13. Alexandro Valignano, S.J., *Il Cerimoniale per i Missionari del Giappone.* Edizione critica, introduzione e note di Giuseppe Fr. Schütte, S.J. Pp. XVI-360, con 28 tavole e due incisioni nel testo	»	2300	2600

	Prezzo Ed. comune	distinta
14. MICHELE PELLEGRINO, *Studi su l'antica apologetica.* Pp. VIII-212	L. 1200	1500
15. *Miscellanea bibliografica in memoria di don Tommaso Accurti.* A cura di Lamberto Donati. Pp. XII-222, con 5 tavole e 23 incisioni nel testo	» 1500	1800
16. GIUSEPPE BILLANOVICH, *Petrarca letterato. - I. Lo scrittoio del Petrarca.* Pp. XXIV-448 . . .	» 2750	3000
17. *Miscellanea Pietro Fumasoni-Biondi. - Studi missionari raccolti in occasione del giubileo sacerdotale di S. E. il Sig. Cardinale* PIETRO FUMASONI - BIONDI, *Prefetto della S. Congregazione « de Propaganda Fide ».* Vol. I. Pp. XVI-192	» 900	1200
18. MARIO SCADUTO, S.J., *Il Monachismo basiliano nella Sicilia medievale. Rinascita e decadenza: sec. XI-XIV.* Pp. LX-368	» 2100	2400
19. HUBERT JEDIN, *Das Konzil von Trient. Ein Ueberblick über die Erforschung seiner Geschichte*	» 1350	1650
20. MASSIMO PETROCCHI, *Il quietismo italiano del Seicento.* Pp. 220	» 1300	1600
21. FEDERICO DA MONTEFELTRO, *Lettere di Stato e d'arte (1470-1480).* Edite per la prima volta da Paolo Alatri. Pp. VIII-132	» 1200	1500
22. ANNELIESE MAIER, *Die Vorläufer Galileis im 14. Jahrhundert.* Pp. VIII-312	» 1750	2100
23. TOMMASO BOZZA, *Scrittori politici italiani dal 1550 al 1650.* Pp. 224	» 1600	2000
24. FAUSTO NICOLINI, *Commento storico alla Seconda Scienza Nuova.* Vol. I, Pp. 344 . . .	» 2100	2600
25. FAUSTO NICOLINI, *Commento storico alla Seconda Scienza Nuova.* Vol. II (in corso di stampa).		
26. SERGIO BALDI, *Studi sulla poesia popolare d'Inghilterra e di Scozia.* Pp. 172	» 1300	1600
27. ROBERTO WEISS, *Il primo secolo dell'umanesimo. Studi e testi.* Pp. 172	» 1500	1800

VOLUMI IMMINENTI

ROBERTO WEISS, *Un inedito petrarchesco: la redazione sconosciuta di un capitolo del « Trionfo della Fama ».*

ERNEST H. WILKINS, *The Making of the Canzoniere, and other Petrarchan Studies.*

N. B. — I prezzi segnati si intendono impegnativi non oltre il 31 dicembre 1949. Per una notizia completa dei voll. chiedere il Catalogo Generale e il Bollettino di Libreria quadrimestrale.

www.ingramcontent.com/pod-product-compliance
Lightning Source LLC
LaVergne TN
LVHW050639100826
845148LV00011B/1909

9781597405102